U0742252

韩首兴 / 主编

小学中高年级习作教学序列化实践研究

XIAOXUE ZHONGGAO NIANJI
XIZUO JIAOXUE XULIEHUA
SHIJIAN YANJIU

中国出版集团 现代出版社

图书在版编目(CIP)数据

小学中高年级习作教学序列化实践研究 / 韩首兴主编. — 北京：现代出版社，2020.6

ISBN 978-7-5143-8703-2

Ⅰ.①小… Ⅱ.①韩… Ⅲ.①作文课—教学研究—小学 Ⅳ.①G623.242

中国版本图书馆CIP数据核字（2020）第110357号

小学中高年级习作教学序列化实践研究

作　　者	韩首兴
责任编辑	窦艳秋
出版发行	现代出版社
地　　址	北京市安定门外安华里504号
邮政编码	100011
电　　话	010-64267325　64245264
网　　址	www.1980xd.com
电子邮箱	xiandai@cnpitc.com.cn
印　　制	北京政采印刷服务有限公司
开　　本	710mm×1000mm　1/16
印　　张	14.25
字　　数	241千
版　　次	2022年6月第1版　　2022年6月第1次印刷
书　　号	ISBN 978-7-5143-8703-2
定　　价	45.00元

编 委 会

主　编：韩首兴

编　委：曾定辉　毕党程　陈树兰　蔡晓纯

　　　　廖晓琳　傅杏兰　陈　玲　陈彩珍

　　　　林　纯　陈　毅　陈凯华

前 言
FOREWORD

一、为什么要出版这本书?

人教版小学语文教材是按照主题,分单元编制的。比如,人教版三年级下册第一单元主题是"感受大自然的美好";第二单元主题是"保护环境";第三单元主题是"富有哲理的故事"……各单元的习作内容也是紧贴单元主题的。比如,人教版三年级下册第一单元习作要求"写一写家乡的景物";第二单元习作要求"写环境调查情况或者几年后家乡的环境";第三单元习作要求"介绍真实的自己"……统编版教材基本上也是这个编制思路——习作内容紧贴单元主题。

这样编制教材对于习作教学的好处是:题材广泛,内容丰富,学生在习作时,能把阅读课上学到的写作方法用到习作中。但是也有不少弊端:第一,三到六年级语文教材上习作要求层次性不清晰,习作目标不能很好地体现从低到高的序列化特点;第二,各单元、各学期、各年级的习作目标,不能很好地体现《义务教育语文课程标准》习作总目标的要求;第三,由于各年级习作教学都重点安排了写人、记事、写景的内容,造成不同年级的习作教学目标有交叉、重复、错位的现象。

在实际调研中我们发现,一线教师忙于事务性工作,很少有教师从三年级一直教到六年级,所以大部分一线教师对小学中高年段各年级、各册、各单元习作教学目标序列把握不准,在头脑中不能形成一个螺旋上升的习作教学序列化知识体系。

"教师教学难,学生作文难"的问题一直困扰着小学习作教学,影响习作教学质量的提高,使习作教学由语文教学的重点成为既重又难的"焦点",造成"学生怕写,老师怕教"的现象。

究其原因,最主要的还是习作教材编写缺少一定的序列,老师无章可循,学生无的放矢。就像跑步一样,老师不清楚让学生跑到哪里,学生也只是跑,不知道究竟跑到哪里才是"达到既定目标"。

布鲁纳说："序列直接影响着学生掌握知识的熟悉程度。"于漪老师也说过："语文教学是个系统工程。"因此，针对学生的不同阶段的特点，科学地建构习作教学序列，提高作文教学的目的性、层次性和习作要求的螺旋上升的特点尤其重要。

我们工作室希望本课题的研究能让小学中高年段习作教学走向序列化、系统化、科学化，从而提高作文教学的有效性。让教师教学习作更有抓手，让学生学习习作更有目标感和自信心。

二、这本书适合哪些人阅读?

本书适合小学中高段（三至六年级）语文教师、广大家长、教学研究人员及在校小学生阅读。

读了这本书，能清晰地看到从《义务教育语文课程标准》最宏观的总目标到各学段、各年级、各学期、各单元的细化目标。

读了这本书，能清晰地了解小学中高年段写人、记事、写景、状物、想象、应用文等各类文体从低到高、螺旋上升的目标序列化体系。

读了这本书，能直观地看到各年级、各学期落实本年级习作教学目标的优秀教学设计。

韩首兴

2019年4月

目 录

CONTENTS

上 篇
从"课程标准总目标"到小学中高年级各单元习作教学目标的序列

从"课程标准总目标"到三年级各单元习作教学目标序列 / 韩首兴 ········ 2

从"课程标准总目标"到四年级各单元习作教学目标序列 / 韩首兴 ········ 6

从"课程标准总目标"到五年级各单元习作教学目标序列 / 曾定辉 ········ 11

从"课程标准总目标"到六年级各单元习作教学目标序列 / 毕党程 ········ 16

中 篇
小学中高年段各年级各册习作教学要求和目标

三年级上册各单元习作教学要求和目标 / 韩首兴 ················· 22

三年级下册各单元习作教学要求和目标 / 韩首兴 ················· 25

四年级上册各单元习作教学要求与目标 / 韩首兴 ················· 28

四年级下册各单元习作教学要求与目标 / 韩首兴 ················· 32

五年级上册各单元作文教学要求及目标 / 曾定辉 ················· 35

五年级下册各单元作文教学要求及目标 / 曾定辉 ················· 38

六年级上册各单元习作教学要求与目标 / 毕党程 ················· 41

六年级下册各单元习作教学要求与目标 / 毕党程 ················· 44

下 篇
小学中高年级各种类型的文体目标从低到高的序列解说和相关的典型教学设计

小学中高年段写景习作序列解说和教学设计 / 陈树兰 ·················· 48

小学中高年段写人习作序列解说和教学设计 / 蔡晓纯 ·················· 73

小学中高年段记事习作序列解说和教学设计 / 廖晓琳 ·················· 87

小学中高年段状物习作序列解说和教学设计 / 傅杏兰 ················· 113

小学中高年段想象作文目标序列解说和教学设计 / 陈 玲 ············· 140

小学阶段说明文习作序列解说和教学设计 / 陈彩珍 ················· 164

小学中高年段应用文习作序列解说和教学设计 / 林 纯 ··············· 172

小学中高年段场面描写习作序列解说和教学设计 / 陈 毅 ············· 196

小学中高年段习作修改能力和运用标点符号目标序列

　　解说和教学设计 / 陈凯华 ································· 210

上 篇

从"课程标准总目标"到小学中高年级

各单元习作教学目标的序列

从"课程标准总目标"到三年级各单元习作教学目标序列

韩首兴

1. 习作教学的总目标［摘自《义务教育语文课程标准（2011年版）》］

能具体明确、文从字顺地表达自己的见闻、体验和想法。能根据需要，运用常见的表达方式写作，发展书面语言运用能力。

2. 第二学段目标［摘自《义务教育语文课程标准（2011年版）》］

（1）乐于书面表达，增强习作的自信心。愿意与他人分享习作的快乐。

（2）观察周围世界，能不拘形式地写下自己的见闻、感受和想象，注意把自己觉得新奇有趣或印象最深、最受感动的内容写清楚。

（3）能用简短的书信、便条进行交流。

（4）尝试在习作中运用自己平时积累的语言材料，特别是有新鲜感的词句。

（5）学习修改习作中有明显错误的词句。根据表达的需要，正确使用冒号、引号等标点符号。

（6）课内习作每学年16次左右。

3. 三年级习作教学目标

（1）观察周围世界，积累感兴趣的材料。

（2）能按要求连贯地写一段话，把意思写清楚。

（3）写简短的童话，学写日记、书信等实用文。

（4）习作时尝试运用有新鲜感的语句。

（5）根据表达需要学习使用冒号、引号。

（6）学习修改自己习作中有明显错误的词语和标点。

（7）第一学期在40分钟内能完成不少于100字的习作；第二学期要达到150字。

4. 三年级上册习作教学目标

（1）开始练习习作，培养习作兴趣，保护习作热情，让学生对习作有自信，不害怕，喜欢习作。

（2）不拘形式地写出见闻、感受、想象。

（3）愿意将自己的习作读给他人听，与他人分享习作的快乐。

（4）学习观察自然、社会，书面表达自己的观察所得。

（5）能按要求连贯地写一段话，把意思写清楚。

（6）学习按照事情的起因、经过、结果把事情写完整。

（7）学习按照事物的几个方面，有条理地介绍事物。

（8）学会编写童话故事。

（9）在40分钟内能完成不少于100字的习作。

5. 三年级下册习作教学目标

（1）留心观察周围的事物，乐于书面表达，增强习作的自信心。

（2）不拘形式地写下自己的见闻、感受和想象。

（3）愿意把自己的习作读给他人听，与他人分享习作的快乐。

（4）按照一定的顺序观察和描写一处景物。

（5）用一件事写出一个人的特点。

（6）能按照事物的几个方面有条理地写清楚想象的事物，分段表述。

（7）按照事情的起因、经过、结果完整地写事情，把事情的经过一步一步分解开，按照一定的顺序写具体。

（8）在40分钟内完成，最少要写到150字。

6. 三年级上册各单元习作教学目标

第一单元：

（1）第一次习作，写贴近学生生活的话题，让学生产生习作兴趣，增加习作自信，喜欢上习作。

（2）学习抓住事情的起因、经过、结果把事情写清楚。

第二单元：

（1）继续写事，让学生持续产生习作的兴趣和自信。初步学会筛选材料。

（2）继续练习抓住事情的起因、经过、结果把事情写清楚。

（3）读给写的那个人听，目的是在读的过程中，学会简单地修改自己习作中有明显错误的词语和标点。

第三单元：

（1）继续练习抓住事情的起因、经过、结果把事情写清楚。

（2）尝试在习作中运用自己平时积累的语言材料，特别是有新鲜感的词句。在本次习作中，重点鼓励学生尝试运用描写秋天的景色的词句。

第四单元：

（1）了解实用文体"日记"的格式和要求。

（2）初步学习观察的方法。

（3）观察周围世界，在习作前，要教学生积累感兴趣的材料。

（4）继续练习抓住事情的起因、经过、结果把事情写清楚。

第五单元：

（1）习作前，教给学生收集资料的方法。

（2）教学生按照事物的几个方面有条理地写清楚事物。

第六单元：

（1）继续训练按照事物的几个方面有条理地写清楚事物。

（2）尽量抓住事物的特点来写。

第七单元：

（1）能不拘形式地写下自己的想象。

（2）编写一个完整的故事，把故事的起因、经过、结果写清楚。

（3）学会合理分段。

（4）合理想象故事中的角色和事件。

第八单元：

（1）能不拘形式地写下自己的想象。

（2）编写一个完整的故事，把故事的起因、经过、结果写清楚。

（3）学会合理分段。

（4）合理想象故事中的角色和事件。

（5）学会使用四种修改符号（增、删、换、调）修改习作。

7. 三年级下册各单元习作教学目标

第一单元：

（1）按照一定的顺序观察一处景物。

（2）能按一定顺序有条理地描写。

（3）合理分段，写出景物的特点。

（4）主动运用平时积累的有关景物描写的词句。

第二单元：

三年级的学生能写出调查了解到的基本情况及得出的基本结论。

第三单元：

（1）用一件事说出自己的特点。

（2）按照一定的顺序写清楚事情的经过，分段表述。

（3）学习给习作加个题目。

第四单元：

（1）写清楚学习这种本领的起因、经过、结果。

（2）把事情的经过一步一步分解开，按照一定的顺序写具体。

（比如，学会了炒菜的经过——买菜、洗菜、切菜、炒菜）

第五单元：

（1）用上六要素（时间、地点、人物；事情的起因、经过、结果）完整地写一件事情。

（2）对于学有余力的学生，练习围绕一个中心写两件事。

（3）写出真情实感。

第六单元：

（1）能按照事物的几个方面有条理地写清楚想象的事物，分段表述。

（2）大胆想象，合理想象。

第七单元：

自由作文。

第八单元：

（1）编一个完整的故事，写清楚故事的起因、经过和结果并能合理分段。

（2）主动运用平时积累的有新鲜感的词句，使故事具体、有趣。

从"课程标准总目标"到四年级各单元习作教学目标序列

韩首兴

1. 习作教学的总目标

（见本书第2页，《从"课程标准总目标"到三年级各单元习作教学目标序列》第1项：习作教学的总目标。）

2. 第二学段目标

（见本书第2页，《从"课程标准总目标"到三年级各单元习作教学目标序列》第2项：第二学段目标。）

3. 四年级习作教学目标

（1）留心观察周围事物，积累习作材料，乐于与他人分享新鲜的见闻。

（2）能完整、具体地写一件事。能抓住特点，具体、有条理地写一个人、一样事物、一处景物。

（3）学写简单的书信，做到格式正确，内容具体。

（4）习作时，有主动运用积累的语言材料的意识。

（5）认识并会运用四种修改符号（增、删、换、调）。

（6）第一学期40分钟完成不少于200字习作；第二学期不少于300字。

4. 四年级上册习作教学目标

（1）在三年级学习一年习作的基础上，有习作的兴趣和自信。乐于与他人分享习作的快乐。

（2）能按一定的顺序有条理地描写景物，写出特点。

（3）能用常用的观察方法有顺序地观察事物，能按照事物的几个方面有条理地写清楚观察的植物、动物或者想象的物品。

（4）能编写一个完整的故事，写清楚故事的起因、经过和结果并能合理分段，能分解事情的经过，把事情的经过一步一步写清楚，分段表述。

（5）学写简单的书信，做到格式正确，内容具体。

（6）习作时，有主动运用积累的语言材料的意识。

（7）认识并运用四种修改符号（增、删、换、调）修改习作。

（8）第一学期40分钟内完成不少于200字习作。

5. 四年级下册习作教学目标

（1）在第一学期学到一些习作知识的情况下，有习作的兴趣和自信，乐于与他人分享习作的快乐。

（2）巩固写景作文常用的顺序，能按合适的顺序有条理地写出景物特点。

（3）能按照起因、经过和结果完整地记叙真实的或者想象的故事，能抓住故事中主人公的动作、语言、神态等把故事写具体。

（4）能用一件事情，抓住人物的语言、动作等描写，写出人物的特点。

（5）习作时，有主动运用积累的有新鲜感的语言材料的意识。

（6）灵活运用四种修改符号（增、删、换、调）。

（7）在40分钟内完成，不少于300字。

6. 四年级上册各单元习作教学目标

第一单元：

（1）有顺序地观察一处景物。

（2）能按一定的顺序有条理地描写。

（3）写出景物的特点。

（4）用上本单元或者平时积累的有关景物描写的语言材料。

第二单元：

（1）有顺序地观察事物，知道常用的观察方法。

（2）能按照事物的几个方面有条理地写清楚事物，分段叙述。

（3）能连续观察，写清楚事物的变化。

（4）用上四种修改符号（增、删、换、调）修改之前的日记。

（5）熟练掌握日记的格式。

第三单元：

（1）编写一个完整的故事，写清楚故事的起因、经过和结果并能合理分段。

（2）能合理想象故事中的角色和情节。

（3）运用平时积累的有新鲜感的词句。

第四单元：

（1）能按照所写动物的几个方面有条理地表达，分段叙述。

（2）能抓住动物的特点并写清楚特点。

（3）能主动运用平时积累的语言材料，特别是有新鲜感的词句。

（4）能运用四种修改符号（增、删、换、调）修改习作。

（5）愿意与他人分享习作的快乐。

第五单元：

（1）明白一篇完整的导游词的结构。

（2）知道导游词的主要特点。

（3）介绍最有特色的内容的时候，有一定的顺序。尝试用上本单元的表达方法。

第六单元：

（1）按照事情的起因、经过和结果完整地记叙一件事情。

（2）分解事情的经过，按照一定的顺序，把事情的经过一步一步写清楚，分段表述。

（3）想象的事情要合理，真实的故事最好写出自己的感受。

（4）注意标点符号的用法，写完之后用四种常用的修改符号（增、删、换、调）修改。

第七单元：

（1）学会并牢记书写的格式。

（2）根据写信的目的，写清楚想表达的内容。

（3）根据写信的对象，语言要得体。

第八单元：

（1）能够按照事物的几个方面有顺序、有条理地介绍未来的事物。

（2）编一个完整的科幻故事，写清楚事情的起因、经过和结果，合理分段。

（3）想象丰富合理，超出现实但又不荒谬。

7. 四年级下册各单元习作教学目标

第一单元：

（1）到校园里实地走一走，有顺序地观察一处景物。

（2）复习巩固写景作文常用的顺序，能按合适的顺序有条理地描写。

（3）具体写出景物的特点。

（4）用上本单元或者平时积累的有关景物描写的语言材料。

第二单元：

（1）学会用具体事例表达观点的方法。

（2）叙述事例的时候，能抓住动作、语言、神态把事情的经过写清楚，写具体。

第三单元：

（1）留心观察活动的过程，写清楚活动的时间、地点、人物、内容，并按一定顺序写清楚活动过程。

（2）把活动的环节写清楚。

（3）写好之后，同学交换修改，用上四种修改符号（增、删、换、调）。

第四单元：

（1）能按照一定的顺序，展开想象描写图中的情景。

（2）能根据图中的情景，合理想象一个完整的故事，写清楚起因、经过和结果并合理分段。

（3）能用上平时积累的有关战争的词句。

第五单元：

（1）按照起因、经过和结果完整地记叙热爱生命的故事。

（2）能抓住动作、语言、神态等，重点把事情中热爱生命的部分写具体。

第六单元：

（1）写景的：能按一定顺序有条理地描写，合理分段，写出景物特点。用上平时积累的有新鲜感的词句。

（2）写事的：按照起因、经过和结果完整地记叙一件事，把印象深刻的部分写具体，分段叙述。用上平时积累的有新鲜感的词句。

第七单元：

（1）用一件事情写出人物的特点。

（2）能抓住人物的语言、动作等描写，表现人物特点。

（3）能够把表现人物特点（你敬佩的原因）的部分详细地写出来。

第八单元：

（1）能不拘形式地写下自己的见闻、感受和想象。

（2）注意把自己觉得新奇有趣或印象最深、最受感动的内容写清楚。

（3）运用四种修改符号（增、删、换、调）修改习作。

（4）尝试在习作中运用自己平时积累的语言材料，特别是有新鲜感的词句。

从"课程标准总目标"到五年级各单元习作教学目标序列

曾定辉

1. 习作教学的总目标

（见本书第2页，《从"课程标准总目标"到三年级各单元习作教学目标序列》第1项：习作教学的总目标。）

2. 第三学段目标［摘自《义务教育语文课程标准（2011年版）》］

（1）懂得写作是为了自我表达和与人交流。

（2）养成留心观察周围事物的习惯，有意识地丰富自己的见闻，珍视个人的独特感受，积累习作素材。

（3）能写简单的纪实作文和想象作文，内容具体，感情真实。能根据内容表达的需要分段表述。学写读书笔记，学写常见应用文。

（4）修改自己的习作，并主动与他人交换修改，做到语句通顺，行款整齐，书写规范、整洁。根据表达的需要，正确使用常见的标点符号。

（5）习作要有一定的速度。课内习作每学年16次左右。

3. 五年级习作教学目标

（1）培养习作意识，懂得写作是为了自我表达和与人交流。

（2）养成留心观察事物的习惯，能通过生活网络、书籍等多种途径收集习作材料。

（3）能初步掌握写作的知识、方法，具体有条理地写一件事情、一次活动、一个人、一处景物或事物。

（4）学写读后感和演讲稿等应用文。

（5）修改自己的习作，尝试与他人交流，修改习作中明显的错误，做到文从字顺，根据表达的需要，正确使用常见的标点符号。

（6）习作有一定的速度，在40分钟内能完成不少于400字的习作。

4. 五年级上册习作教学目标

（1）能通过观察生活、阅读书籍、与他人访谈、挖掘个人独特感受，有意识地开始积累写作素材。

（2）初步具有习作意识，懂得写作是为了自我表达和与人交流。

（3）从阅读中学习写作的知识，能写简单的纪实作文（读书故事、生活启示、父母之爱、说明状物）和想象作文（二十年后回故乡），重视段与段之间的联系，内容具体，感情真实。

（4）学写简单的读书笔记，学写内容梗概、读后感和辩论稿，整理采访录，学写应用文。

（5）修改习作中明显的错误，做到文从字顺，根据表达的需要，正确使用常见的标点符号。

（6）习作有一定的速度，在40分钟内能完成不少于350字的习作。

5. 五年级下册习作教学目标

（1）能通过各种感观对学校、社会生活的观察，阅读书籍，访谈，挖掘个人独特感受等途径积累习作素材，形成积累写作素材的习惯，坚持写读书笔记。

（2）具有一定的习作意识，进一步明确习作为日常生活服务。

（3）能合理安排、组织材料，进一步巩固写作的能力，能写纪实作文（童年趣事、感动的事、特点鲜明的人）和应用文（写信、发言稿、研究报告）、材料作文（后图作文、缩写），内容具体，感情真实。

（4）修改自己的习作，主动与他人交流修改中明显的错误，做到文从字顺，根据表达的需要，正确使用常见的标点符号。

（5）提高习作速度，在40分钟内能完成不少于400字的习作。

6. 五年级上册各单元习作教学目标

第一单元：

（1）拓展积累素材的途径，通过讲述读书故事、交流读书体会、介绍采访心得、开展辩论等活动，挖掘个人关于读书的独特感受。

（2）根据开展活动的情况有条理地记录，运用平时积累的语言材料叙述事情的经过。

（3）与同学交流心得，学着整理、修改作文。

第二单元：

（1）结合一定的实际充分展开想象。

（2）学习本组课文表达感情的方法（借景抒情、叙事抒情、借物喻人），适当地运用在自己的习作当中。

（3）培养学生热爱家乡的感情。

第三单元：

（1）继续拓展积累素材的途径（观察、记录、参观、访问、阅读），积累丰富的素材。

（2）练习从多角度、按顺序运用说明方法具体描述一件物品，写出物品的特点。

（3）主动与同学交流，修改作文。

第四单元：

（1）从阅读书籍中积累习作素材（名言警句），运用到写作当中。

（2）读写结合，从单元范文中学习此类文章的谋篇布局，重视段与段之间联系（一句话或一幅漫画让我想到了什么，这对我们有什么启发），内容具体，感情真实。

（3）与他人交换修改习作。

第五单元：

（1）进一步强化文字的运用意识，意识到写作是生活中必不可少的表达方式。

（2）学会写活动总结，抒写自己的感受，会写简单的调查研究报告，把感受最深的东西记录下来，养成习作的习惯，乐于与别人交流。

第六单元：

（1）增强写作意识，懂得写作是为了自我表达和与人交流。

（2）能通过具体的事，描述父母的爱；建议父母改进教育方法，劝说他们改掉不良习惯；同父母说心里话，表达真情实感，畅所欲言。

（3）写完后读给爸爸妈妈听。

第七单元：

（1）五年级首次应用文写作，了解什么是读后感及写读后感的作用。明确

"读"是基础，学习良好的阅读、批注、积累资料的方法。

（2）赏析范文，自主发现读后感的写法，正确书写主标题、副标题。

（3）明确要求，开启思路，把写读后感与整理、运用资料结合起来，提高学生的语文综合素养。

（4）自改互评，交流一下怎样才能写好读后感。

第八单元：

（1）从读到写，学习《开国大典》场景描写的方法，按时间顺序把场景写具体、写清楚。

（2）学习写梗概方法：①熟悉文本（作品）；②厘清脉络，抓住重点；③用简洁的语言归纳概括。

（3）写后评价、修改、完善。

7. 五年级下册各单元习作教学目标

第一单元：

（1）通过写信强化写作意识，进一步认识到文字的交流功能。

（2）学写信，能正确书写书信格式，能正确书写信封。

（3）合理安排信的内容，做到有条理，按一定的顺序，能把事情说清楚。

（4）写好后在小组内读一读、评一评、改一改，互相修改，并恰当运用学过的修改符号。

第二单元：

（1）从生活经验出发，通过观察图片想象小足球赛的激烈程度，并把观察到的及想象的写下来。

（2）能运用积累的语言及学到的表达方式把事情经过写具体、写清楚，凸显童年的乐趣。

（3）主动与同学交流，修改作文。

第三单元：

（1）结合生活场景体会发言稿在生活中的作用。

（2）创设真实情境，练习把自己的意思表达具体清楚，把句子写通顺。

（3）与同学交流，修改发言稿。

（4）积极创设写发言稿的机会，让学生能够"学以致用"，在实际运用中学会写情真意切、言辞恰当的发言稿。

第四单元：

（1）多渠道收集作文素材，在口语交际的基础上选好写作材料。

（2）把本组课文里学到的表达方式运用到作文中，做到内容具体，语句通顺，感情真实地写一件事。

（3）选典型习作全班共同评议，肯定优点，指出问题，反复修改作文。

第五单元：

（1）明确缩写的要求和步骤，初步学习缩写的方法。

（2）找出与文章的主要内容密切相关的句子，通过缩写习作进一步提高分析、综合、理解和概括的能力。

（3）对照原文读，交流自己的发现和感悟。

第六单元：

（1）利用媒体选择信息，养成留心信息的好习惯，逐步学会收集信息、运用信息，善于和别人交流信息。

（2）初步学会有目的地收集和处理信息，阅读范文了解研究报告的方法，学写简单的研究报告。

（3）学会交流与合作。

第七单元：

（1）留意观察生活中特点鲜明的人，从生活中提取作文素材。

（2）明确作文要求，通过具体事例，人物外貌、动作、语言、神态等表现人物特点。

（3）展示作文，互评互改。

第八单元：

（1）联系近期所见所闻所思所感，从生活中提取写作素材，选择想写的内容。

（2）运用本学期学习的表达方式，内容具体，感情真实，语句通顺，写不少于400字的作文。

（3）作文有适当的新意。

（4）总结本学期作文的收获与不足。

从"课程标准总目标"到六年级各单元习作教学目标序列

毕党程

1. 习作教学的总目标

（见本书第2页，《从"课程标准总目标"到三年级各单元习作教学目标序列》第1项：习作教学的总目标。）

2. 第三学段目标

（见本书第11页，《从"课程标准总目标"到五年级各单元习作教学目标序列》第2项：第三学段目标。）

3. 六年级习作教学目标

（1）能有条理地写一件事情、一次活动、一处景物或事物。要求内容具体，感情真实，语句通顺，行款格式正确；有读者意识，能明确表达自己的思想感情。

（2）围绕习作目的筛选材料、确立主次，学习编写习作提纲。

（3）小组合作学写研究报告、活动计划等实用文体。

（4）养成修改作文的习惯。

（5）习作要有一定的速度，在40分钟内完成不少于400字的习作。

4. 六年级上册习作教学目标

（1）能通过两件事或几件事写一个人，根据人物特点，来选择和组织材料，初步表达对人物的印象。

（2）写清楚事物的特点，尝试运用想象和联想来表达自己的感受。

（3）围绕习作目的，把事情的重点部分写具体，尝试表达感受与想法。

（4）运用编写提纲的方法，学写演讲稿、建议书等实用文体。继续学习写读后感，写出自己的独特感受，在此基础上学习写观后感。

（5）正确运用修改符号，同学之间互相修改、评阅习作。

（6）习作要有一定的速度，在40分钟内完成不少于350字的习作。

5. 六年级下册习作教学目标

（1）根据习作目的，熟练运用已掌握的表达方法。

（2）巩固实用文体的结构和格式要求。

（3）围绕习作目的，同学之间从内容、结构上互相修改习作。

（4）习作要有一定的速度，在40分钟内完成不少于400字的习作。

6. 六年级上册各单元习作教学目标

第一单元：

（1）调动五官，细心观察、感受大自然。

（2）尝试表达由事物引起的联想和想象。

（3）在所听所见基础上，表达自己的感受和想象。

（4）能主动运用平时积累的语言材料，特别是有新鲜感的词句。

第二单元：

（1）明确演讲稿的结构和格式（熟练掌握读后感的结构）。

（2）根据对象和目的合理组织发言内容（根据习作目的组织内容）。

（3）条理清楚，有感染力。

（4）语言得体，能吸引读者。

（5）表达、分享自己的感受。

第三单元：

（1）写清楚事情发展变化的过程。

（2）能够写清楚事情发生的环境。

（3）运用语言、动作、心理描写等方法刻画人物。

（4）表达出自己的感受和想法。

（5）主动与同学交流习作，运用修改符号互相修改习作。

第四单元：

（1）掌握建议书的结构和格式（学习观后感的结构）。

（2）根据阅读对象选择有针对性的习作内容（根据习作目的选择内容）。

（3）联系生活实际，有理有据地表达自己的感受、观点。

第五单元：

（1）选择恰当的事件，运用恰当的表达顺序来表现人物的特点。

（2）把印象最深、最受感动的内容描写具体。

（3）初步表达自己对人物的印象。

（4）主动与同学交流习作，运用修改符号互相修改习作。

第六单元：

因为第六单元是"综合性学习"，教材上没有安排单元习作，所以这里没有第六单元习作教学目标分析。

第七单元：

（1）有目的地编写一个故事，能写清楚故事的起因、经过、结果，故事结构完整，并能合理分段。

（2）合理想象故事中的人物和事件，使故事具体、有趣、吸引人。

（3）能主动运用平时积累的语言材料，特别是有新鲜感的词语。

第八单元：

（1）生动有趣地记叙学习某种艺术过程中的故事，写出自己的感受。

（2）有条理地介绍一种艺术形式或艺术品，把看到的、听到的与内心的想象结合起来，表达自己的感受。

（3）主动运用平时积累的语言材料，特别是有新鲜感的词句。

7. 六年级下册各单元习作教学目标

第一单元：

（1）按照事情发展的顺序完整地记叙一件事情。

（2）分解事情的经过，把过程写具体。

（3）能写出自己的感受和想法。

（4）能主动用平实积累的语言，特别是有新鲜感的词句。

第二单元：

（1）抓住特点来介绍。

（2）根据事物的特点来确定详略。

（3）跟他人分享自己的习作。

（4）主动运用平时积累的语言材料，特别是有新鲜感的词句。

（5）能根据他人的建议，修改习作。

第三单元：

（1）根据习作目的，编写提纲。

（2）根据习作提纲，按照一定的顺序表达。

（3）运用首尾呼应的表达方法。

（4）利用其他学科材料，丰富习作内容。

第四单元：

（1）根据要表现的人物特点，来组织习作内容。

（2）习作中表达自己的感受、感想。

（3）自己修改习作，与同学交换修改习作。

第五单元：

（1）把内容写具体，做到语句通顺，感情真实。

（2）根据习作目的，选择材料，并从内容入手修改自己的习作。

（3）根据习作的目的，选择合适的表达方法，并从结构入手修改自己的习作。

中 篇

小学中高年段各年级各册习作教学要求和目标

三年级上册各单元习作教学要求和目标

韩首兴

第一单元：写事

要求：

写自己的课余生活。可以写课余参加的活动，也可以写课余发生的有趣的事、高兴的事，或者其他事。

目标：

1. 第一次习作，写贴近学生生活的话题，让学生产生习作兴趣，增加习作自信，喜欢上习作。

2. 学习抓住事情的起因、经过、结果把事情写清楚。

第二单元：写事

要求：

写身边熟悉的人身上发生的事情——写熟悉的人的一件事。

目标：

1. 继续写事，让学生持续产生习作的兴趣和自信。初步学会筛选材料。

2. 继续练习抓住事情的起因、经过、结果把事情写清楚。

3. 读给写的那个人听，目的是在读的过程中，学会简单地修改自己习作中有明显错误的词语和标点。

第三单元：看图写作文：景、事结合

要求：

写自己喜欢的一幅秋天的图画，用上自己积累的词句。

目标：

1. 继续练习抓住事情的起因、经过、结果把事情写清楚。

2. 尝试在习作中运用自己平时积累的语言材料，特别是有新鲜感的词句。

在本次习作中，重点鼓励学生尝试运用描写秋天的景色的词句。

第四单元：观察日记

要求：

把观察到的事物写进日记里面。

目标：

1. 了解实用文体"日记"的格式和要求。

2. 初步学习观察的方法。

3. 观察周围世界，在习作前，要教学生积累感兴趣的材料。

4. 继续练习抓住事情的起因、经过、结果把事情写清楚。

第五单元：说明文——介绍事物

要求：

把收集到的有关中华传统文化的文字、图片、实物等资料整理一下，找出自己最想告诉大家的，写成一篇习作。

目标：

1. 习作前，教给学生收集资料的方法。

2. 教给学生按照事物的几个方面有条理地写清楚事物。

第六单元：说明文——介绍地方

要求：

介绍自己去过的地方，写出这个地方怎么吸引人，使别人读了也对这个地方感兴趣。

目标：

1. 继续训练按照事物的几个方面有条理地写清楚事物。

2. 尽量抓住事物的特点来写。

第七单元：编写童话

要求：

编写童话故事。任选几种动物作为主人公，编一个故事。先想想它们之间会发生什么事，然后写下来。

目标：

1. 能不拘形式地写下自己的想象。

2. 编写一个完整的故事，把故事的起因、经过、结果写清楚。

3. 学会合理分段。

4. 合理想象故事中的角色和事件。

第八单元：自由习作

要求：

不规定内容、范围、自由写。（建议这单元还编写童话故事。目的是把上次习作中的问题在这个单元纠正，把训练的目的再次夯实）

目标：

1. 能不拘形式地写下自己的想象。

2. 编写一个完整的故事，把故事的起因、经过、结果写清楚。

3. 学会合理分段。

4. 合理想象故事中的角色和事件。

5. 把上次习作中的问题在这个单元纠正。

总体分析：

本学期的习作教学重点：3次要求写事情，2次要求介绍事物，2次写童话。那么，这个学期习作训练的重点是：

1. 培养学生的习作兴趣，增强习作自信，让学生喜欢习作，喜欢分享自己的习作。

2. 学习抓住事情的起因、经过、结果把事情写清楚。

3. 学习按照事物的几个方面有条理地写清楚事物。

4. 编写一个完整的故事，把故事的起因、经过、结果写清楚。

5. 认识日记这种使用文体，掌握日记的格式和要求，能熟练地写日记。

6. 最低字数要求是100字，多则不限。写够100字的同学都要给予表扬，超过的加倍表扬，重点是培养兴趣，增强信心。

三年级下册各单元习作教学要求和目标

韩首兴

第一单元：写景

要求：

介绍家乡优美的风景。讲清楚在什么地方，有哪些特点，展开丰富的想象，表达出对家乡热爱的感情。

目标：

1. 按照一定的顺序观察一处景物。

2. 能按一定的顺序有条理地描写。

3. 合理分段，写出景物的特点。

4. 主动运用平时积累的有关景物描写的词句。

第二单元：应用文——调查报告（调查情况小短文）

要求：

围绕"保护环境"写一篇调查小短文；或者写一写几年后家乡的环境；也可以写发生在学习中有趣的事情。

目标：

1. 知道调查报告由标题、前言、主体、结语四个部分组成。

2. 调查报告的重点是主体部分，主体部分主要写调查研究的基本情况、做法、经验以及分析调查研究所得材料中得出的各种具体认识、观点和基本结论。

3. 三年级的学生能写出调查了解到的基本情况及得出的基本结论就行了。

第三单元：写人

要求：

写一写自己，写真实的自己。学会加一个合适的题目。

目标：

1. 用一件事说出自己的特点。

2. 按照一定的顺序写清楚事情的经过，分段表述。

3. 学习给习作加个题目。

第四单元：写事

要求：

回忆画画、游泳、滑冰、做饭、干农活等本领是怎么学会的，在学习过程中，有哪些趣事，有什么体会。选一样写下来，把从不会到学会的过程写具体，表达出真情实感。

目标：

1. 写清楚学习这种本领的起因、经过、结果。

2. 把事情的经过一步一步分解开，按照一定的顺序写具体。

（比如，学会了炒菜的经过——买菜、洗菜、切菜、炒菜）

第五单元：写事

要求：

用一两件事情写写父母对自己的爱，表达真情实感。

目标：

1. 用上六要素（时间、地点、人物；事情的起因、经过、结果）完整地写一件事情。

2. 对于学有余力的同学，练习围绕一个中心写两件事。

3. 写出真情实感。

第六单元：事物——想象作文

要求：

选择自己最感兴趣的一样东西，如食物、衣服、房子、汽车等，想象未来会是什么样子，写一篇作文。

目标：

1. 能按照事物的几个方面有条理地写清楚想象的事物，分段表述。

2. 大胆想象，合理想象。

第七单元：自由作文（想象事物）

要求：

把最想写的内容写下来，景物、事情、人物、想象都可以。内容具体，句子通顺。

目标：

1. 如果学生没有自己想写的，建议继续训练想象作文。

2. 继续练习能按照事物的几个方面有条理地写清楚想象的事物，分段表述。

3. 写完之后，朗读给同学听，把不通顺的句子修改通顺。

第八单元：想象作文——故事

要求：

给你一次"变"的机会，展开想象的翅膀，编一个故事。

目标：

1. 编一个完整的故事，写清楚故事的起因、经过和结果，并能合理分段。

2. 主动运用平时积累的有新鲜感的词句，使故事具体、有趣。

四年级上册各单元习作教学要求与目标

韩首兴

第一单元：写景

要求：

围绕自己游览过或者了解过的一处自然景物，写一篇习作。可以写著名的旅游景点，也可以写身边的景物。突出奇特之处，用好写作顺序。

目标：

1.有顺序地观察一处景物。

2.能按一定的顺序有条理地描写。知道写景作文常用的顺序：

（1）按方位的顺序写（由近及远，由远及近，由上而下，由下而上，由里到外，由外到里，或由中间到四周等）。

（2）先整体后局部或者先局部后整体。

（3）按时间顺序（可以是春、夏、秋、冬的不同变化，参考《美丽的小兴安岭》；也可以是一段时间内不同时间的景物表现，参考《花钟》《观潮》）。

3.写出景物的特点。

4.用上本单元或者平时积累的有关景物描写的语言材料。

第二单元：观察日记——写一样事物

（注：这里的事物指的是动物、植物、物品等。描写事物的文章称为状物为主的记叙文）

要求：

近来，你留心观察了什么事物？是怎样观察的？有什么新的发现？在观察过程中发生过什么有趣的事情？

如果是连续观察，坚持写了观察日记，可以选几则自己觉得满意的日记，修改加工后，成为一篇习作，题目可以用"观察日记×则"，注意日记的格式。

目标：

1. 有顺序地观察事物。知道常用的观察方法：

（1）全面观察和重点观察。

（2）重复观察和长期观察。

（3）对比观察。

2. 能按照事物的几个方面有条理地写清楚事物，分段叙述。

3. 能连续观察，写清楚事物的变化。

4. 用上四种修改符号修改之前的日记。

5. 熟练掌握日记的格式。

第三单元：想象作文（编一个故事）

要求：

自己选择几种动物或者几件物品，以它们为主人公，想象一下，它们之间可能会发生一些什么事，编成一个故事写下来。

目标：

1. 编写一个完整的故事，写清楚故事的起因、经过和结果，并能合理分段。

2. 能合理想象故事中的角色和情节。

3. 运用平时积累的有新鲜感的词句。

第四单元：写一样事物——动物

要求：

写一些自己喜欢的动物。具体地写出动物的特点，表达自己的真情实感。完成初稿之后，与写同一种动物的同学一起交流，学习彼此的长处，互相提出修改意见，然后修改自己的习作。

目标：

1. 能按照所写动物的几个方面有条理地表达，分段叙述。

2. 能抓住动物的特点并写清楚特点。

3. 能主动运用平时积累的语言材料，特别是有新鲜感的词句。

4. 能运用四种修改符号修改习作。

5. 愿意与他人分享习作的快乐。

第五单元：导游词（实用文）

要求：

写介绍"世界遗产"的导游词。选取最有特色的内容向大家介绍。可以讲景点风光，也可以讲与景点有关的故事、传说，还要提示参观旅游的注意事项。

目标：

1. 明白一篇完整的导游词，其结构一般包括习惯用语（见面时的开头语和离别时的告别语）、概括介绍、重点讲解三个部分。

2. 知道导游词的主要特点是适度口语化，此外，还具有知识性、文学性、礼节性等；和蔼，亲切，自然轻松。

3. 介绍最有特色的内容的时候，有一定的顺序。尝试用上本单元的表达方法。

第六单元：写事

要求：

1. 看图，想象发生在图中人物之间的故事。内容要具体，语句要通顺。

2. 生活中的真实故事。可以是自己亲身经历的，也可以是听到或者看到的。把经过写清楚，最好写出自己的感受。写完之后修改。

目标：

1. 按照事情的起因、经过和结果完整地记叙一件事情。

2. 分解事情的经过，按照一定的顺序，把事情的经过一步一步写清楚，分段表述。

3. 想象的事情要合理，真实的故事最好写出自己的感受。

4. 注意标点符号的用法，写完之后用四种常用的修改符号修改。

第七单元：书信

要求：

1. 写一写自己或者别人成长的故事，要写得清楚具体。

2. 读一封来信，讨论信中的问题，再给那位同学写回信，帮他解决遇到的烦恼。要把想说的意思写清楚，还要注意书信的格式。

目标：

1. 对于第一个话题的要求，参照第六单元。

2.①学会并牢记书写的格式。②根据写信的目的，写清楚想表达的内容。③根据写信的对象，语言要得体。

第八单元：想象作文

要求：

写自己的奇思妙想——未来的衣服、食品、住宅、交通等，还可以写科幻故事。想象要丰富，内容要具体，语句要通顺。写好后认真修改。

目标：

1.能够按照事物的几个方面，有顺序、有条理地介绍未来的事物。

2.编一个完整的科幻故事，写清楚事情的起因、经过和结果，合理分段。

3.想象丰富合理，超出现实但又不荒谬。

四年级下册各单元习作教学要求与目标

韩首兴

第一单元：写景

要求：

到校园里走一走，看一看，选一处景物，仔细观察，再把观察到的按一定的顺序写下来。注意把内容写具体，语句写通顺。

目标：

1. 到校园里实地走一走，有顺序地观察一处景物。

2. 复习巩固写景作文常用的顺序，能按合适的顺序有条理地描写。

3. 具体写出景物的特点。

4. 用上本单元或者平时积累的有关景物描写的语言材料。

第二单元：写心里话

要求：

在自己的习作中写写心里话。例如，对老师说，为了我们的成长，您操碎了心；对妈妈说，我已经长大了，别再把我当小孩看；对小伙伴说，我们不要再互相起外号了，这样不文明……

目标：

1. 学会用具体事例表达观点的方法。

2. 叙述事例的时候，能抓住动作、语言、神态把事情的经过写清楚、写具体。

第三单元：写一次活动

要求：

把自己在"走进大自然"综合性学习中的发现写下来，也可以把活动经过或心得写下来。写完后，同学之间互相修改。

目标：

1. 留心观察活动的过程，写清楚活动的时间、地点、人物、内容，并按一定顺序写清楚活动过程。

2. 把活动的环节写清楚。

3. 写好之后，同学交换修改，用上四种修改符号。

第四单元：看图编写故事

要求：

观看"战火中的孩子"照片——1937年8月28日，日本侵略者轰炸上海火车南站时，被记者拍下来的真实情景。仔细观察，想一想：图中的小孩为什么哭？他的父母在哪里？当时发生了什么事？这个孤独的孩子以后命运如何？把看到的和想到的写下来。内容要具体，语句要通顺，表达出自己的真情实感。

目标：

1. 能按照一定的顺序，展开想象描写图中的情景。

2. 能根据图中的情景，合理想象一个完整的故事，写清楚起因、经过和结果，并合理分段。

3. 能用上平时积累的有关战争的词句。

第五单元：写事

要求：

可以写写自己了解到的生命现象，也可以写写身边那些热爱生命的故事，还可以写写自己获得的感受、得到的启发。内容要具体，写出真实的感受。

目标：

1. 按照起因、经过和结果完整地记叙热爱生命的故事。

2. 能抓住动作、语言、神态等，重点把热爱生命的情节写具体。

第六单元：写景或写事

要求：

围绕乡村生活和田园景物这个主题，可以写自己经历的，也可以写听到的、看到的或想到的；可以是景物、人或者事，也可以是感受或体会。

目标：

1. 写景的：有顺序、有条理地写出景物特点。努力用上有新鲜感的词句。

2. 写事的：按起因、经过和结果完整叙事，具体写印象深刻的部分，努力运用自己平时积累的有新鲜感的词语和句子。

第七单元：写人

要求：

写一个自己"最敬佩的人"，表达出自己的敬佩之情。写出具体事例，写完之后认真修改。

目标：

1. 用一件事情，写出人物的特点。

2. 能抓住人物的语言、动作等来写。

3. 能够把表现人物特点（你敬佩的原因）的部分详细地写出来。

第八单元：自由表达

要求：

大家心里还有很多想写而没有写的内容，这次习作就让我们自由表达。编童话，写梦想，写人记事等。不限内容和形式，自由表达。

目标：

1. 能不拘形式地写下自己的见闻、感受和想象。

2. 注意把自己觉得新奇有趣或印象最深、最受感动的内容写清楚。

3. 运用四种修改符号（增、删、换、调）修改习作。

4. 尝试在习作中运用自己平时积累的语言材料，特别是有新鲜感的词句。

五年级上册各单元作文教学要求及目标

曾定辉

第一单元：写事

要求〔三选一（主题：读书故事）〕：

1. 分享读书经历中的故事以及和书的故事，也可以谈读书的体会。

2. 采访身边爱读书的人，再根据采访时做的笔记，仿照课文整理出采访记录。

3. 围绕"开卷有益"及"开卷未必有益，看了那些不健康的书反而有害"展开一次辩论。以"记一次辩论"为题，写辩论的经过。

目标：

1. 拓展积累素材的途径，通过讲述读书故事、交流读书体会、介绍采访心得、开展辩论等活动，挖掘个人关于读书的独特感受。

2. 根据开展活动的情况有条理地记录、运用平时积累的语言材料叙述事情的经过。

3. 与同学交流心得，学着整理、修改作文。

第二单元：写景、写事

要求：

学用课文中作者表达感情的方法，以"二十年后回故乡"为内容。写家乡发生的变化，写自己的回忆。

目标：

1. 结合一定的实际充分展开想象。

2. 学习本组课文表达感情的方法（借景抒情、叙事抒情、借物喻人），适当运用在自己的习作当中。

3. 培养热爱家乡的感情。

35

第三单元：状物

要求：

练习写说明性文章。选择一种物品介绍给大家，如蔬菜、水果、玩具、文具或电器。

目标：

1. 继续拓展积累素材的途径（观察、记录、参观、访问、阅读），积累丰富的素材。

2. 练习从多角度、按顺序、运用说明方法具体描述一件物品，写出物品的特点。

3. 主动与同学交流，修改作文。

第四单元：写事

要求：

写从生活中获得的启示，一件小事、一句格言、一幅漫画引起的思考。

目标：

1. 挖掘阅读素材（一句格言）、生活素材（一件小事）、材料素材（一幅漫画），培养积累素材的习惯。

2. 读写结合，从单元范文中学习习作方法，准确地叙述所感所想，感情真实。

3. 认识到习作是表达思想的重要途径。

4. 与他人交换修改习作。

第五单元：综合性学习自由作文

要求：

在综合性学习的基础上写收获记录、感受、调查报告。

目标：

1. 进一步强化文字的运用意识，意识到习作是记录生活的重要手段。

2. 学会写活动总结、自己的感受、简单的调查研究报告，提高文字运用能力。

第六单元：写事

要求（三选一）：

敞开心扉，写出最想对爸爸妈妈说的话，表达自己的真实想法。

1. 曾经有过不理解父母的时候，但通过一些事情，体会到了父母的爱。

2. 可以对父母提出一些建议，比如，请他们改进教育方法或劝说他们改掉不好的习惯。

3. 想和父母说的其他心里话。

目标：

1. 增强习作意识，发挥习作的表达交流功能。

2. 能通过观察生活积累习作素材。

3. 能通过学习到的人物外貌、动作、语言描写的方法，具体地描述体现父母的爱的生活事件或向父母提出建议改进教育方法，能通过文字写出心里话，表达感情。

3. 写完后读给爸爸妈妈听。

第七单元：应用文，读后感

要求：

学写读后感。

目标：

1. 学会阅读批注、积累习作素材，进而学写读后感习作。

2. 从赏析范文中感知读后感的写法，正确书写主标题、副标题。

3. 学会整合素材与表达感受相结合的习作方法。

4. 自改互评，提高习作质量。

第八单元：写场景，写梗概

要求（二选一）：

1. 学习《开国大典》场景描写的方法，按时间顺序描写一个场景。

2. 从最近读过的文章或看过的影视作品中选择一个写出梗概。

目标：

1. 从读到写，写法迁移，运用从《开国大典》学到的按时间顺序的场景描写方法，具体地记录生活中的场景。

2. 学习资料整理的方法，学会把握文脉，运用简洁的语言写梗概，提升概括能力。

3. 写后评价、修改、完善。

五年级下册各单元作文教学要求及目标

曾定辉

第一单元：写信

要求：

策划手拉手活动，给远方的同龄人写一封信。

目标：

1.进一步强化写作意识，凸显文字的交流功能。

2.学写信，能正确书写书信格式。

3.合理安排信的内容，能有条理、清楚地表达自己的见闻见解。

4.写好后在小组内读一读、评一评、改一改。

第二单元：看图作文，写事

要求（二选一）：

1. 看图作文。观察图中表现的是关于孩子们进行小足球赛的一个场景。从图中感受童年生活的有趣和快乐。

2. 结合口语交际或童年的照片等，激发学生表达的欲望，写自己的童年趣事。把事情经过写清楚，写具体，写得有趣，写出自己的真实感受。

目标：

1. 描述自己的观察及想象：从生活经验出发，结合材料（图片）去展开想象并把观察到的场景及想象的写下来。

2. 能围绕"童年趣事"这一主题，运用积累的语言及学到的表达方式把事情经过写具体、写清楚。

3. 与同学交流，修改作文。

第三单元：发言稿

要求：

本次习作是写常用应用文——发言稿。

目标：

1. 结合生活场景，体会发言稿在生活中的作用。

2. 创设真实情境，清楚地表达自己的思维及观点，语言通顺，并且有说服力。

3. 与同学交流，互相学习发言稿的写法。

4. 积极创设写发言稿的机会，学以致用。

第四单元：写事

要求：

写一件感人的事，可以是自己亲身经历过的，也可以是听别人讲述的，还可以是从电影、电视、书中看到的。具体而有细节地描述事情，表达真实的感情。

目标：

1. 多渠道收集作文素材，从生活、阅读等方面积累习作素材。

2. 把本组课文里学到的表达方式运用到作文中，围绕"感人"对习作素材进行选择，并具体描述事情，表达真实的感情。

3. 选典型习作全班共同评议，明确修改在作文中的重要意义。

第五单元：应用文——缩写

要求：

缩写《草船借箭》或《金色的鱼钩》，也可以缩写其他文章，不超过400字。

目标：

1. 明确缩写的要求和步骤，实践缩写的方法。

2. 找出与文章的主要内容密切相关的句子，通过习作进一步提高分析、综合、理解和概括的能力。

3. 对照原文读，进一步理解缩写方法。

第六单元：研究报告

要求：

通过综合性学习写研究报告。

目标：

1. 利用媒体、网络收集信息，善于和别人交流信息。

2. 初步学会有目的地收集和处理信息，初步学习研究报告的写作方法，学写简单的研究报告。

3. 学会交流与合作。

第七单元：写人

要求：

写一个特点鲜明的人（可以是熟悉的人，也可以是陌生人）。

目标：

1. 留意观察生活中特点鲜明的人，从生活观察中积累习作素材。

2. 学法迁移：运用课文中学到人物外貌、动作、语言、神态等表现手法描写人物特点。

3. 展示作文，交流作文的方法。

第八单元：自由习作

要求：

回忆本学期学习的表达方式并运用到习作中，做到细致描写，能表达自己的真实感受，做到文从字顺，不少于400字。

目标：

1. 联系近期所见所闻所思所感，多渠道积累习作素材。

2. 综合运用本学期学习的表达方式，细致地描述或描写，表达真情实感，语言流畅通顺。写作要有一定的速度，40分钟内完成400字的作文。

3. 作文有适当的新意。

4. 总结本学期作文的收获与不足。

六年级上册各单元习作教学要求与目标

毕党程

第一单元：写物

要求（三选一）：

1. 把自己想象成大自然中的一员，想象它们在大自然中是怎样生活或变化的，想象它们眼中的世界是什么样的，并融入自己的感受写下来。

2. 选取生活中的几种音响，或仔细听一段音响的录音，写下自己想到的和感受到的。

3. 把暑假生活中的收获和大家分享，写出自己的感受和体会。

目标：

1. 调动五官，细心观察、感受大自然。

2. 尝试表达由事物引起的联想和想象。

3. 在所听所见基础上，表达自己的感受和想象。

4. 能主动运用平时积累的语言材料，特别是有新鲜感的词句。

第二单元：写演讲稿/读后感

要求（二选一）：

1. 根据自己的感受和体会，运用收集到的资料，围绕"祖国在我心中"这一主题，写一篇演讲稿。

2. 从自己读过的描写中华儿女报效祖国、为国争光的文章或书籍中，选择最能打动自己的一篇（一本），写一篇读后感。

目标：

1. 明确演讲稿的结构和格式（熟练掌握读后感的结构）。

2. 根据对象和目的合理组织发言内容（根据习作目的组织内容）。

3. 条理清楚，有感染力。

4.语言得体，能吸引读者。

5.表达、分享自己的感受。

第三单元：写事情

要求：

写一写体现人们互相关爱的事情。

目标：

1.写清楚事情发展变化的过程。

2.能够写清楚事情发生的环境。

3.运用语言、动作、心理描写等方法刻画人物。

4.表达出自己的感受和想法。

5.主动与同学交流习作，运用修改符号互相修改习作。

第四单元：写建议书/观后感

要求（二选一）：

1.针对不良现象，写一份建议书，提出自己的看法和建议，并向有关部门反映。

2.观察漫画（有关珍惜资源、保护环境），在看懂漫画内容的基础上，写出自己的理解和感受。

目标：

1.掌握建议书的结构和格式（学习观后感的结构）。

2.根据阅读对象选择有针对性的习作内容（根据习作目的选择内容）。

3.联系生活实际，有理有据地表达自己的感受、观点。

第五单元：写人/写事

要求（二选一）：

1.选择一两件事，介绍自己的小伙伴，要写出小伙伴的特点。

2.续写故事，根据自己的想象，把事情的经过和结果写清楚、写具体。

目标：

1.选择恰当事件，运用恰当顺序，写出人物特点。

2.把印象最深、最受感动的内容描写具体。

3.初步表达自己对人物的印象。

4.与同学交流习作，正确运用修改符号互相修改习作。

第六单元：

因为第六单元是"综合性学习"，教材上没有安排单元习作，所以这里没有第六单元习作教学要求与目标分析。

第七单元：编故事

要求：

根据图片报道，进行合理想象，然后写一个故事，故事内容要具体，表达情感要真实。

目标：

1. 有目的地编写一个故事，能写清楚故事的起因、经过和结果，故事完整，合理分段。

2. 合理想象故事中的人物和事件，使故事内容具体、有趣、吸引读者。

3. 主动运用所积累的语言素材，特别是有新鲜感的词语。

第八单元：写事/写物

要求（二选一）：

1. 写一写学习某种艺术过程中发生的故事和感受。

2. 写一写自己喜欢的一件艺术品或一次艺术欣赏活动。

目标：

写事：

1. 生动有趣地记叙学习某种艺术过程中的故事。

2. 写出自己的真实感受。

3. 主动运用所积累的语言素材，特别是有新鲜感的词句。

写物：

1. 有条理地介绍一种艺术形式或艺术品。

2. 把看到的、听到的与想象到的结合起来，表达自己的真实感受。

3. 主动运用所积累的语言素材，特别是有新鲜感的词句。

六年级下册各单元习作教学要求与目标

毕党程

第一单元：写事/写物/写观后感

要求：

1. 以"难忘的'第一次'"为题，写一篇习作，要把"第一次"的经历写清楚，还要写出在经历"第一次"之后获得的启示。

2. 选择身边的一个有所感触的事物，写清楚事物的特点和从中得到的感悟。

3. 观察漫画《假文盲》或喜欢的其他漫画，把漫画的意图及个人的想法写下来。

目标：

1. 按照事情发展的顺序完整地记叙一件事情。

2. 分解事情的经过，把过程写具体。

3. 能写出自己的感受和想法。

4. 能主动运用平时积累的语言，特别是有新鲜感的词句。

第二单元：写物

要求：

将调查了解到的民风民俗加以整理，写成一篇习作。

目标：

1. 抓住特点来介绍，表达自己的感受。

2. 根据事物的特点来确定详略。

3. 跟他人分享自己的习作。

4. 主动运用平时积累的语言材料，特别是有新鲜感的词句。

5. 能根据他人的建议修改习作。

第三单元：写理想

要求：

以"我的理想"为题，完成一篇习作。要写清楚自己的理想是什么，为什么有这样的理想以及准备怎样实现自己的理想。

目标：

1. 根据习作目的，编写提纲。

2. 根据习作提纲，按照一定的顺序表达。

3. 运用首尾呼应的表达方法。

4. 利用其他学科材料，丰富习作内容。

第四单元：写事/读后感

要求（二选一）：

1. 写一写自己经历的或从其他渠道了解到的自我保护的事情。

2. 写《鲁滨孙漂流记》读后感。

目标：

1. 根据要表现的人物特点，组织习作内容。

2. 习作中表达自己的感受、感想。

3. 自己修改习作，与同学交换修改习作。

第五单元：自由作文

要求：

不出题目，也不限制内容范围，自由表达。可以写最感兴趣的人、事、景、物，也可以写想象作文，还可以写自己想写的其他内容。

目标：

1. 内容具体，语言流畅，感情真实。

2. 根据习作目的，选择材料，选择合适的表达方法。

3. 根据习作目的，从内容和结构两个方面修改自己的习作。

下 篇

小学中高年级各种类型的文体目标从低到高的序列解说和相关的典型教学设计

小学中高年段写景习作序列解说和教学设计

陈树兰

一、写景习作序列总体解说

写景，就是对景物的描写。景物描写，包括对自然环境和社会环境中的风景、物体的描写。在写景的文章中，"情是景的灵魂，景是情的依托"。王国维说："一切景语皆情语。"因情生景，以景传情，情景交融，是写景文章的最高境界。故写景，须以观察为基础，以情感为主线。

综观中高年段的教材，明确提出写景习作要求的一共有7次，其中三年级上册人教版、部编版均有2次，下册人教版、部编版均有1次；四年级上册1次，下册2次；六年级上册1次。通过对比不难发现，写景独特的题材特点：语言优美，表现手法丰富。因此也决定了本阶段写景习作的基本方法：积累素材、观察生活。

1. 以教材为例子，积累语言，运用语言，学习其写作方法。

2. 留心观察生活，丰富生活体验。

旨在引导学生将生活素材和文学素材在循序渐进中有机融合，为学生的习作服务。同时，根据学生的发展规律，从起步阶段的"观察"到六年级的"想象—联想"，由眼入心，由浅入深，由形入神，螺旋上升。

人教版三年级上册第三单元主题为"看图写一幅秋天的图画"，通过观察图画，要求用上平时积累的词句，按顺序描绘我们心中的秋天。第六单元主题为"自己想去或去过的地方"，要求学习作者观察和表达的方法，抓住地方的特点，展开想象，把这个地方的景物或变化写清楚、具体。

部编版三年级上册第五单元主题为"我们眼中的缤纷世界"。要求学习、模仿课文，仔细观察身边一种动物、植物或一处场景，写观察所得。第六单元主题为"这儿真美"。要求仔细观察，准备素材，试着运用课文中学到的方法，围绕一个意思写身边的一处美景。

三年级下册主题为"介绍家乡的景物"，要求留心观察，展开丰富想象，按一定的顺序写出家乡景物的特点及自己的感受。

可见，三年级习作起步，一是以身边熟悉的景物为素材，培养学生观察的习惯和习作兴趣，激发学生习作热情；二是引导学生学会模仿，运用课文优美的语言，学习课文的习作方法。在此基础上，让学生明确习作的方法：发挥想象，抓特点，按顺序写一处景，为习作起步奠定基础。第二学期，在第一学期的基础上目标有所提高，在描写景物特点的同时要学会表达自己的感受。

四年级上册第一单元主题为"写一处自然景观"，要求按顺序写出景观的奇特之处；下册第一单元主题为"校园的景物"，要求观察与思考结合，按一定的顺序写一处校园景物。写作目标特别提出，在上学期的作文训练中，曾安排过写一处景物的内容，这次应在原有的基础上提高一步，特别是要求按一定的顺序把景物写具体。值得注意的是，本次习作明确提出了"内容具体，语句通顺"的要求。在强调内容的表达和句子的通顺方面，对学生写作的内容特别是遣词造句上有了进一步的训练要求，对例文的学习也由模仿语言提高到体会句子表情达意的作用上。从观察表象到感受体会，从模仿写法到体会写法的好处，体现了三到四年级学生语言审美要求的进步。

第六单元主题为"田园风光"，要求通过自己的亲身经历，写田园的景、人、事或感受、体会。着重在"感受"二字上，虽然可写景、人、事或感受、体会，但田园美景是不可多得的练习写景的好素材，将景写好，借景来烘托或表现人、事或感受、体会，景情融合，田园风光将更有风情。

五年级上下册没有单独写景的习作，但是有不少绝佳的写景范例。上册第二单元习作，虽然要求写"二十年后回故乡"，训练想象能力，但本单元的主题不管是"赞美故乡"还是"浓浓的乡愁"，都是中国文学情感表达永恒不变的主题，描写家乡景、家乡情，均能调动学生的生活体验，丰富情感表达。课文《梅花魂》《桂花雨》《小桥流水人家》，亦是情、景兼美的佳作，值得模仿与学习。下册第一单元"西部美景"，描写草原的人情美景；第八单元"异域风情"，描写德国和威尼斯的风俗民情，这种人美、景美、风俗美、人情美的佳作也是写景的最好范例。在《威尼斯的小艇》课后练习就有一个小练笔：

写写家乡的某处景或某个物，要写出特点来。对比三年级介绍家乡的一处景物起步习作，本单元的小练笔显然要求学习课文的写作特点，抓住特点，努力把人的活动同景物、风情结合起来，不管是写作手法、写作内容、表达情感，习作要求都有了很大的提升。

六年级上册第一单元主题为"我是大自然中的一员"，要求细心观察自然，通过联想和想象表达独特感受，从不同角度展示大自然的魅力。本单元的习作要求，体现出高年段与中年段习作的明显差距，不仅要求细心观察，还要求观察时能用心，能投入感情，把自己观察的过程变成亲近自然的过程，变成欣赏和陶醉的过程，从观察美、欣赏美到感受美，受到美的熏陶，表达美的感受。下册没有写景的习作，但第一单元通过景物表达人生感悟，第二单元描写中国各具特色的民风民俗，亦是写景的好素材。例如，朱自清的《匆匆》形神兼美，老舍的《北京的春节》朴实自然，是写自然之景到社会之景，眼中之景到心中之景的绝佳范例。

"景"是文学作品必不可少的要素，引导学生"品景""赏景""写景"，是培养学生感受美、发现美、创造美的美好过程。从小学阶段的教材编排看，"美景"无处不在。在习作方面，虽然不是每一册都有明确提出写景的要求，却是写景作为习作不可或缺的部分，在以教材为例子的基础上，我们不妨写一写景的小片段，让学生的习作处处有"美景"。由于学生生活经验较少，缺乏广泛的社会见识和丰富的生活体验，因此，小学阶段的写景习作，一般要经过"观察积累——加工整理——外化成文"这样一个由外到内再到外的三重转换过程。从三年级起步阶段起，激发兴趣，引导学生学会观察，积累素材，乐于表达；到六年级养成观察的习惯，懂得写作是为了自我表达和与人交流。逐步明确了习作的社会目的。

二、各年级写景习作具体要求和目标

三年级上册（人教版）

第三单元：看图写一幅秋天的图画
要求：
选一幅或画一幅秋天的图画，仔细观察，先说一说，再写一写，用手中的笔，描绘我们心中的秋天。

目标：

1. 按照一定的顺序介绍画面内容，把内容写清楚，把句子写通顺。

2. 用上平时积累的词句。

3. 习作后，能互相交流，提出意见，各自修改。

4. 能大胆展示习作和图画，欣赏评论。

5. 能对自己喜欢的图画和习作发表自己的观点。

《看图写一幅秋天的图画》教学设计

教学目标：

1. 选一幅或画一幅秋天的图画，仔细观察，引导学生发现秋天的美。

2. 引导学生按照一定的顺序介绍画面内容，用上平时积累的词句，把内容写清楚，把句子写通顺。

3. 习作后，能互相交流，提出意见，各自修改。

4. 能大胆展示习作和图画，欣赏评论。

5. 能对自己喜欢的图画和习作发表自己的观点。

教学重难点：

按照一定的顺序介绍秋天的图画，把内容写清楚，把句子写通顺。

教学准备：

1. 布置学生选一幅或画一幅秋天的图画，仔细观察图画内容，讲一讲，说一说。

2. 收集有关描写秋天的好词佳句。

3. 收集有关秋天的图片，制作PPT。

教学过程：

（一）谈话导入，引起兴趣

同学们，我们学过一个成语叫"一叶知秋"，古人说，从一片纷飞的黄叶中，我们可以看到秋天的模样。秋天是怎样的呢？这个单元我们学习了很多关于秋天的文章，现在，我们一起来欣赏一下秋天的美景吧。

（二）创设情境，走进秋天

PPT出示一组秋天的图片，配乐欣赏。

边出示图片边用词形容：

天高云淡　大雁南飞　层林尽染　红叶似火

落叶纷飞　金桂飘香　瓜果飘香　五谷丰登

……

自古逢秋悲寂寥，我言秋日胜春朝，秋天真美，你能用"秋天，真是一个……的季节！"来赞美一下秋天吗？

（三）仔细观察，看图说话

今天，我们要进一步走进秋天，去感受它的美。看，老师带来了一位小朋友的画，我们一起看看他笔下的秋天是怎样的。

1. 出示一幅秋景图，指导观察：说一说，图上画的是什么地方？有哪些景物？

2. 引导学生把内容说清楚：仔细观察这些景物是什么样子的。

引导学生调动五官感受秋天。

举例：《秋天的图画》。

看到的：树叶、田野、果园以及一些小动物忙碌的场景。其中不乏秋天的色彩，有黄色的银杏叶、红色的枫叶、金黄的田野、各色的菊花。

抓住颜色、形状说一说。相机板书：形状、颜色……

听到的：风吹树叶"唰唰"的声音。

感受到的：带着清凉和温柔，轻轻地到来。

闻到的：各种水果的甜香。

小结：调动我们的五官，描写我们看到的、听到的、闻到的、感受到的，这样就能抓住事物的颜色、形状、声音、气味，把它们想成人或物，或者给它们打个比方，运用比喻、拟人的手法（板书）可以使我们描写的景物更加具体、形象。（板书：写具体）

3. 引导学生按顺序观察图画，师生共同评价。刚才同学们通过调动自己的感官，把图上的景物说得都很美、很具体。那图上那么多的景物，我们怎样才能有条理地介绍给大家呢？你有没有好办法？

请学生回答。

总结：按顺序写，可以由远及近，从上到下，从左到右，从整体到局部。习作时，用上表示顺序的词，如天空、地面、近处、远处……

学习按顺序来写的方法，可以使我们的文章更清晰、更有条理。

4. 拿出自己的画，向同桌说一说。要按一定的顺序说具体。

（四）小试牛刀，尝试习作

用上这些表示顺序的词，把景物写具体，建议用上平时积累的词句。

（五）交流作品，各自修改

1. 读给同桌听，根据他的意见认真改一改。

2. 把优秀作品向全班展示，读一读，评一评。

总结提升：

今天我们学习了按照一定的顺序把秋天写具体的方法，老师深深地被你们描绘的美景吸引住了。课后我们可以把我们的习作和图画贴出来，办一个"秋天的图画"图文展览活动，把习作和图画一起贴在教室里让大家欣赏。

板书设计：

秋天的图画

	看到的：颜色、形状	
写具体	听到的：声音	比喻、拟人
	闻到的：气味	
按顺序	上—下	远—近……
天空	地面	远处　近处

第六单元：自己想去或去过的地方

要求：

介绍自己去过的地方或想去的地方。

目标：

1. 先说后写，和同学互相交流，取长补短。

2. 学习本单元的观察和表达方法。

3. 抓住地方的特点，写出这个地方怎么吸引人。

4. 展开想象，把这个地方的景物或变化写清楚、写具体。

《自己想去或去过的地方》教学设计

教学目标：

详见本页第六单元要求、目标。

教学重难点：

抓住地方景物的特点，展开合理的想象，写清楚、写具体地方的景物或变化。

教学准备：

准备好自己要讲的景点，了解清楚特点。

教学过程：

（一）谈话导入激发兴趣

古人说，读万卷书，行万里路。好学的同学们，肯定去过不少美丽的地方，谁来说一说？

（二）明确内容介绍美景

1. 说说你到过的地方有哪些？选一处比较美的景点，印象深刻的，有鲜明特点的地方（如山川名胜、旅游景点等），说一说。

2. 这个地方有哪些景物？和同学们交流交流。

3. 这个地方最吸引人的是什么？和同学们说一说。

4. 展开想象，把这个地方的景物或变化写清楚、写具体。

（三）互相交流明确写法

回顾本组课文的学习方法：

1. 按一定的方位顺序去观察，由近及远，由远及近，由上而下，由下而上，由里到外，由外到里，或由中间到四周等；有次序地描写，先总后分或先分后总，要主次分明，详略得当。

2. 抓住特点来写，或壮美，或奇特，或幽静，或瑰丽，等等。抓住景物的特点，从形、色、声、味来写；既要写出静态，也要写出动态，还可以写出环境气氛。

3. 写景中也可以具体地写些人和事，若让人、景、事三者交融一体来写，可以使作文更为感人。

（四）小试牛刀，尝试习作

1. 根据自己和同学的交流内容，把介绍的景点写下来。

2. 注意运用学习过的写作方法，把特点写清楚、写具体。

3. 运用积累的语言，把文章写优美，引发同学兴趣。

4. 标点符号要写正确。

（五）佳作欣赏评改提高

1. 和同学互相交流习作，取长补短。

2. 读自己的习作，自我修改。注意分段和标点符号的运用。

📖 范文展示

海边小憩

荣根学校　　王楷睿

放假了，爸妈带我去惠州的双月湾海边玩。

到了下午，我们到达了目的地。我们找好了酒店，就去沙滩上玩了。我望向远方，只见一轮落日在海天交界的水平线上缓缓消失，我看得正着迷时，听见爸爸说："时间不早了，我们先回酒店吧！"我只好答应。

第二天，我们起了床，洗漱后，简单地吃完早餐，就出发了。

一路上，我们开车沿着海岸线走，打开窗，只见一片浩瀚的大海，海风吹来，海面上泛起层层波浪，拍打着沙滩。打开天窗，蔚蓝的天空微笑着向我们招手。

下车后，我飞奔到沙滩上，看见无数的贝壳散落在金黄的沙滩上。这些贝壳五彩缤纷，奇形怪状。有的像蜗牛壳一样懒洋洋地躺在金黄的"床"上，有的像地雷一样，有的则像号角一样在演奏………

渐渐地，天黑了下来，海上升起了一轮明月，它像刚打磨出来的玉盘，更像一面明镜，看到这番景象，我不禁吟起一首诗："海上生明月，天涯共此时。"

最后，我坐上车依依不舍地离开了大海。

三年级上册（人教版）

第五单元：我们眼中的缤纷世界

要求：

观察印象最深的一种事物或一处场景，写下来。

目标：

1. 能了解作者怎样观察，进一步体会作者观察的细致。

2. 能继续仔细观察一种动物、植物或一处场景，把观察所得写下来。

3. 能展示观察所得，与同伴分享自己的观察感受。

第六单元：这儿真美

要求：

围绕一个意思写一处身边的美景（如花园、果园、田野、小河等），把习作读给同学听，学会分享，体会习作的成就感和愉悦感。

目标：

1. 能仔细观察，准备好习作素材。

2. 能尝试着运用课文中学到的方法，围绕一个意思写身边的一处美景。

3. 能自读习作，自改错别字。

三年级下册（人教版）

第一单元：介绍家乡的景物

要求：

介绍家乡优美的风景。讲清楚在什么地方，有哪些特点，展开丰富的想象，表达出对家乡热爱的感情。

目标：

1. 习作中，能学习运用本组课文的表达方法。

2. 能按一定的顺序写清楚景物的特点。

3. 能展开丰富的想象，写家乡的景物及自己的感受。

4. 能在小组开展交流，选出写得好的习作，并说出好在哪里。在全班交流、讲评。

5. 能自我修改作文，互相交流并提出修改意见，认真誊写。

6. 能以展览的方式，办以"家乡的景物"为主题的习作展示。

《介绍家乡的景物》教学设计

教学目标：

详见本页第一单元要求、目标。

教学重难点：

指导学生按照一定的顺序将自己观察到的景物写出来，展开合理丰富的想象，并能够表达出自己对家乡的热爱之情。

课前准备：

观察、了解家乡的一处景物。

教学过程：

（一）谈话导入激发兴趣

家乡，生我养我的地方，山川河流，皆是美景；花草树木，均是乡情。我们的家乡有哪些让你印象深刻的景物？我们一起来写一写。

（二）揭示主题明确目标

1. 请同学们先读读习作要求，然后小组讨论一下：看看这次习作要求有几个方面的内容。

2. 教师指导归纳写作中的注意事项：

（1）选择自己最喜欢的一处景物，要注意说清楚。

（2）注意抓住景物特点。

（3）习作中，能学习运用本组课文的表达方法，展开合理丰富的想象，并能够表达出自己对家乡的热爱之情。

（三）口头习作尝试书写

1. 介绍家乡美：你了解你的家乡吗？把你美丽的家乡说给同学听一听。

2. 介绍自己最喜欢的景物：家乡这么多美丽的景物，你最喜欢哪一处？要抓住特点，给大家介绍一下。

3. 学习写作手法：展开丰富的想象，运用比喻、拟人、排比等修辞手法，把景物介绍具体。

4. 按顺序，介绍家乡的景物。例如，动静结合，从整体到局部，由上到下，由远到近，等等。

5. 全班交流，其他同学听后可以补充，说说从哪几个方面补充。

6. 写作练习（教师巡视，相机指导写作）。

（四）互相交流修改评议

1. 修改步骤：

（1）修改错别字。

（2）修改不通顺的句子。

（3）修改啰唆、没有条理的段落。

2. 自读习作，自我修改。

3. 小组交流，选出写得好的习作，并说出好在哪里。

4. 全班交流，共赏佳作，激励写作。

5. 修改作文，交流意见，誊写习作。

6. 办以"家乡的景物"为主题的习作展览。

📖 范文展示

万绿湖

荣根学校　梁嘉宝

早就听说万绿湖是一个镜花水月般的人间仙境，一个回归大自然的理想乐园，因处处是绿，四季皆绿而得名。这不，趁着假期，我们全家去了一趟万绿湖。

天上下着蒙蒙细雨，雾气弥漫，小岛若隐若现，给万绿湖罩上了一层神秘的面纱。坐上船，站在甲板上，凉风习习，抚摸着肌肤的每一处，舒服极了。远处是一座小岛，被碧绿的湖水环绕着，好似一位亭亭玉立的少女。再往前就是水月湾了，因为从上往下看，湖水犹如一轮弯月环绕着小岛。

不过万绿湖最美的就是水了。一望无际的湖水让人感觉置身浩瀚的海洋，却没有海的张扬，静静的湖水轻轻荡漾，快艇飞驰而过激起两道白色的浪花，很快又恢复了平静，群山如画般倒映在水中。湖水的颜色由近到远逐渐转淡，墨绿、深绿、浅绿、淡绿……细雨落在湖面上激起无数个小圆晕，它们调皮地你碰我，我挤你，可不一会儿又被后来的雨点打碎了。一阵风吹来，湖面涌起一层层波纹，美丽极了！

依依不舍地告别了美丽的万绿湖，那水天一色的美景深深刻在脑海里，果然是名不虚传啊！希望你也能来这人间仙境看一看。

四年级上册（人教版）

第一单元：写一处自然景观

要求：

写一处著名的旅游景点或身边的景物。要突出奇特之处，用好写作顺序。

目标：

1. 构思好习作内容和习作顺序。

2. 能按一定的顺序有条理地描写一处奇特的景点。知道写景作文常用的顺序：

（1）按方位的顺序写（由近及远，由远及近，由上而下，由下而上，由里到外，由外到里，或由中间到四周，等等）。

（2）先整体后局部或者先局部后整体。

（3）按时间顺序（可以是春、夏、秋、冬的不同变化，参考《美丽的小兴安岭》；也可以是一段时间内不同时间的景物表现，参考《花钟》《观潮》）。

3. 能突出景物的特点。

4. 积累的描写景物的好词佳句，在习作时学会运用。

5. 能和同学互相交流、评议，自我修改。

6. 办"神奇的大自然"主题的习作展览。

《写一处自然景观》教学设计

教学目标：

1. 选定熟悉的一处景物，进行有顺序的、仔细的观察和构思。

2. 把观察得最细致、印象最深刻的地方按照一定的顺序有条理地写下来。

3. 能突出特点，把景物写具体。

4. 学会用上本单元或者平时积累的有关景物描写的语言材料。

5. 交流习作，学会修改自己的习作，并能和同学互相评一评，议一议。

6. 尝试办习作展览——"神奇的大自然"。

教学重难点：

按一定的顺序有条理地描写一处奇特的景点。

教学准备：

观察、了解一处自然景观，收集相关资料。

教学过程：

（一）谈话导入发现美景

大自然真像一位神奇的魔术师，用它的鬼斧神工，在世界上留下了那么多绮丽的自然风光和奇妙的自然现象。峭壁深渊、怪石云海当然神奇，风雨雷电、花鸟虫鱼等平常的事物也有令人称奇的地方。让我们走进大自然，用画家的眼睛去发现美，用作家的笔去描绘美。

（二）重温课文掌握写法

梳理《观潮》《火烧云》《鸟的天堂》的写作方法。

详见本单元习作要求、目标。

（三）有序表达畅谈美景

1. 回忆自己见过的美丽景观，小组交流。

2. 指导学生按顺序说美景，把内容表达清楚。

3. 全班交流。

（四）指导习作书写美景

1. 学了这一组课文，又听了同学们的介绍，我们知道美就在身边，今天来写一写我们寻找到的美景。

2. 搜索记忆，哪一处自然景观令你印象深刻？

3. 确定写作内容：这处景观给你留下印象最深的地方是什么？你打算从哪些方面来写？学生思索、回忆、交流。

（举例：山水、花草、树木、建筑物以及某些自然现象，如风、雷、雨、雪等）

4. 确定写作顺序：打算先写什么，后写什么。

具体写作顺序详见本单元习作要求、目标。

5. 突出景物的独特之处：抓住景物特点来写。

（1）要注意景物的时令特征和地方特征。一年四季，春夏秋冬；一日之内，昼夜早晚；不同季节，不同时间，景色是不一样的（如《火烧云》）。不同的地方，景色也不同，我们在观察、描写景物时，就要注意这两个方面的特征。

（2）要注意景物的静态、动态、颜色、大小、数量的描写（如《鸟的天堂》）。静态描写是指对景物静止状态的描写，动态描写是指对景物运动状态的描写。写景物的颜色就是色泽的描写。

6. 学生习作，教师巡视指导。

7. 小组交流，相互学习，提出修改建议，修改自己的习作。

8. 办"神奇的大自然"主题的习作展览。

范文展示

人间仙境——普达措

荣根学校　肖 语

连绵起伏的群山，清澈见底的湖水，广阔无垠的牧场……这就是传说中的人间仙境——普达措国家公园。"普达措"藏语意为神助乘舟到达湖的彼岸，充满了美好与诗意。它位于云南省香格里拉。

景区门口，抬头望去，一块巨大无比的石头上雕刻着"普达措国家公园"七个大字。巨石上还有一只栩栩如生的石头豹子，正准备猎杀一只正在欣赏美景的梅花鹿。我心里一惊，怀着期待的心情，加快了脚步往里走。

坐着前往湖边的观光车，透过玻璃往外看，没有绿油油的小草，没有五颜六色的野花，也没有可爱的小动物，好像到了一处荒芜的土地。顿时，我的心里酸酸的，非常沮丧。下了车，我们穿过一片湿地后，就来到了属都湖。清澈见底的湖水横卧在眼前，我难过的心情马上就跑到九霄云外了。纵目望去，那浩瀚的湖面，碧绿清澈的湖水，绽放出迷人的光辉，那倒映在湖面上的群山、树木、拱桥，那天上飘浮着的白云，像一幅流动的画，给这普达措增添了勃勃的生机。

沿着湖边的环湖栈道走去时，天气骤然变冷，阴云一块一块地在天空中飘移，渐渐地，可爱的雪精灵飘飘洒洒，从空中落下来了。像雾一样轻，被风逗弄着，直打转。在雪花中穿行，眼看着青山绿水渐渐披上银装，我们仿佛走进了仙境一般。

正陶醉着往里走，一只小松鼠突然跳到我身边，用水汪汪的大眼睛看着我。我抬头一看，哇！一片郁郁葱葱的松树林呈现在眼前。这是松鼠的家呀！

看，虽然下着鹅毛大雪，可是这些松树依旧穿着绿衣，昂首挺胸地矗立在那儿，让人对这仙境一般的普达措又多了几分肃穆的敬意。

一只只黄白相间的小松鼠，冒着雪花，在松树之间嬉戏跳跃，有几只贪吃的小家伙，还欢快地跑来我们跟前讨要吃的，那模样真令人捧腹。

虽然这并不是普达措最美丽的季节，但那碧绿的湖水，刚强挺拔的松树，活泼可爱的小松鼠，那如诗如画、如梦如幻的雪中美景，无一不在向我们展示云南——这彩云之南的独特魅力。

四年级下册（人教版）

第一单元：校园的景物

要求：

到校园里走一走，看一看，选一处景物，仔细观察，再把观察到的按一定的顺序写下来。注意把内容写具体，语句写通顺。

目标：

1. 明确观察的基本要求，把观察和思考紧密结合，掌握实地观察一处校园景物的方法。

2. 复习巩固写景物的习作方法，习作水平在原有的基础上进一步提高。

3. 按一定的顺序把内容写具体，把语句写通顺。

4. 尝试通过句子表达自己的情感。

5. 学会拟写草稿，自我修改。

《校园的景物》教学设计

教学目标：

详见本页第一单元习作要求、目标。

教学重难点：

仔细观察，把观察到的按一定顺序写下来。把内容写具体，语句写通顺。

教学过程：

（一）启发谈话激发兴趣

四年级，我们来到高年部生活，美丽的高年部花园带给我们许许多多美的享受，对环境应该很熟悉了，你能说说吗？你最喜欢哪个地方，如楹联回廊、小花坛、金鱼池等，你经常在那里做些什么？（鼓励学生自由说，放开说，教师做适当补充指点）

小结：有的同学平时能够留心观察，说了自己的所见所想，讲得很具体，而有的同学疏于观察。我们要做善于观察的人。

（二）提出要求实地观察

用20分钟时间，到高年部花园做一次观察，把观察到的景物记下来。

要求：仔细观察，认真记录。写出具体感受，或者想到了曾经在那里发生过的事情，觉得很有意思，也可以写下来。

1. 详细具体地写某一处景，如金鱼池、楹联回廊。

2. 按游览顺序，观察整个花园，重点写一到两处具体的景点。

（三）交流所得准备习作

1. 交流观察到的美景：说说你最喜欢哪一处景物？

2. 交流习作内容：你准备写哪些内容？重点写什么？

3. 交流习作方法：这处景物有什么特点？按什么顺序描写？怎样把特点写具体？

让学生在互相交流中得到启发，教师结合学生的交流进行点评。

（四）指导写法完成习作

1. 指导写法。

（1）确定顺序，写条理。作文时安排好表达顺序，可以使内容有条理，联系更紧密。常用的顺序有：

① 方位顺序。按景物的远近、上下、左右、前后等空间方位为序，层次清楚地加以描述。这又分两种：一是定点写景为序，即作者的立足点（观察点）不动，既可以集中描写一处景物，又可以写几处不同的景物；二是移步换景为序，即随着作者立足点（观察点）的移动来描写在不同地方看到的不同景色——先到了什么地方，看到了什么景色；后到了什么地方，又看到了什么景色。

② 时间顺序。按春夏秋冬，过去、现在和将来，下雪前、下雪时、下雪后等时间推移的顺序写景。只要按一定的顺序把观察到的景物具体写出来，那美景自然会栩栩如生地呈现在读者眼前。

（2）抓住特点，写具体。可以从形状、颜色、姿态、气势、声音等方面抓住特点并加以具体描绘，就能突出重点，给人如临其境之感。不过，同样的景物，在不同的时节和地点，它的特点是不相同的。比如，同样是风，春风和煦，夏风炽热，秋风萧萧，冬风凛冽；同样是山，山势各不一样，天山巍峨，黄山秀丽，秦山雄伟；秦岭"盛气凌人"，大兴安岭"温柔可亲"。可见，只有抓住了特点，景物才活灵活现。

（3）展开联想，写感受。写景时要带着感情去观察、联想、想象，努力做到情感随着景物产生。当然，我们既可以先写景后抒情，又可以先抒情后写景，也可以一边写景一边抒情，情景交融。不论怎样写，都要注意运用比较、比喻、拟人、夸张、反问等修辞手法，把所见的实在景物与自己的联想结合起来，这样写出来的作文才会具体形象，生动活泼，动人心弦。

2.拟写草稿，完成习作。

再强调重点：一是写具体，二是按一定顺序写。

（五）作文讲评相互提高

1.挑选"精彩"作文片段，示范评改。

2.互相交流：建议、欣赏、补充。

着重留意：

（1）语句是否通顺恰当。

（2）语言是否准确精妙。

（3）再次修改完善作文。

改通顺，指出错别字及其病句、标点错误等；评优点，画出自己认为的好词好句或者精彩语段；提建议，提出哪些内容需要具体或补充，哪些可简写或删除等。

（4）修改誊抄习作。

📖 **范文展示**

美丽的花园

荣根学校 曾柏玮

早就听说校园的花园美如仙境，我们今天去观赏了一番，果然名不虚传。

花园入口处有一道拱形门，叫欢迎门，这个门呢，不是铁做的，也不是木头做的，而是藤蔓缠绕成的，藤蔓手牵手抱作一团。

我们钻进欢迎门，只见希望雕塑在向我们招手。希望雕塑雕刻着一位女老师和一名女学生，她们翘首仰望天空，手里托着希望之星。女老师和女学生的动作像要翱翔在蓝蓝的天空，雕塑上刻着希望两字，给人力量，让我们带着希望进入书的海洋。

我们绕过希望雕塑，满眼都是花花草草，到处都是奇形怪状的花草树木，它们有的像一个精致的花瓶，有的像一朵大灵芝，有的像一根燃烧着的蜡烛，有的像一支彩笔……都是园艺工人细心地剪出来的，剪得栩栩如生、活灵活现，真让人赞叹。

我们又来到了金鱼池，金鱼池的整个形状就像只有两片花瓣的梅花。金鱼池中心有一座假山，假山的石头层层叠叠，参差不齐。假山顶端有小喷泉，喷出的水雾形成一把倒立的白色的伞，喷到十几厘米高处就飘散下来。池水里鱼的数目不可计数，颜色各异，有红的，有半橙半白的，有青的……应有尽有。有的小鱼应该不知道池底是水泥地板吧，以为那是泥巴地，正拼命用自己的嘴"挖"着水泥地板，像是和伙伴玩捉迷藏想给自己弄个藏身地吧。水池里还有丹顶鹤哩，一只丹顶鹤在用自己的嘴来梳理洁白的毛发，有的张着翅膀，想要飞起来自由翱翔一样……

上课时间到了，我们依依不舍地回到了教室，但我的心还在花园里飘荡。

第六单元：田园风光

要求：

本单元习作主题为：乡村生活、田园景物。围绕该主题，写自己亲身经历，描写所见所闻、所思所想。描写内容可以写景物、写人或者写事，也可以写一写自己的感受或体会。

目标：

1. 把想写的内容表达清楚，有意识地运用自己在本单元积累的优美词句。

2. 写完后认真读一读，改一改。

3. 在互相交流中共赏、评价，修改完善习作。

《田园风光》教学设计

教学目标：

1. 能有顺序地介绍乡村景物，把想写的内容表达清楚。

2. 有意识地运用自己在本单元积累的优美词句。

3. 学会用拟人、比喻等修辞手法。

4. 写完后认真读一读，改一改。在互相交流中共赏、评价、修改完善习作。

教学重难点：

能有顺序地介绍乡村景物，把想写的内容表达清楚。

课前准备：

准备描写乡村的音乐。收集乡村美景的图片，制作PPT。

教学过程：

（一）创设情境真情融汇

播放乐曲《乡间的小路》。"走在乡间的小路上，牧童的歌声在荡漾……"同学们，当我们的耳边又响起这一首悠扬的《乡间的小路》时，我们仿佛看见了金色的田野，闻到了瓜果的芬芳，耳边又响起了青蛙的歌唱……今天我们就随着这首悠扬的乐曲，共同走进乡下人家，一起感受田园的诗情画意吧！

（二）共赏美景畅叙乡情

1. 展示田园风光图片或播放媒体。

2. 说一说喜欢农村哪些风光。

3. 交流学习：展示自己收集到的图片和资料，交流自己的感受、体验。

4. 小组代表展示汇报：可展示自己收集到的图片和资料。

小结：听了同学们的汇报，我们对乡村充满了向往。这一节课，我们就把自己最想写的乡村美景写下来：可以写自己的经历——听到的、看到的或想到的，也可以是景物、人或事，还可以是感受或体会。

（三）积累素材为文搭桥

1. 收集描述田园风光的词语。

赏心悦目　心旷神怡　羊肥牛壮　沃野千里　河汉纵横　原野寥廓

水草鲜美　牧草丰盛　平原宽广　一望无际　一马平川　莽莽苍苍

绵延千里　无垠无边　千沟万壑　绿遍山野　逶迤连绵　高低起伏

2. 收集描写田园风光的诗句。

绿遍山原白满川，子规声里雨如烟。

林断山明竹隐墙，乱蝉衰草小池塘。

翻空白鸟时时见，照水红蕖细细香。

茅檐长扫静无苔，花木成畦手自栽。

绿树村边合，青山郭外斜。

一水护田将绿绕，两山排闼送青来。

（四）讨论交流明确内容

1. 交流想写的内容。例如，山水花木，丰收田野，农家小院，菜园果园，写自己的乡村生活体验等。

2. 讨论写法：抓住乡村风光的哪些特点来描述？

（1）写具体内容：静态特点，动态特点，声音、形状、颜色、气味等。

（2）写清楚顺序：按地点变化的顺序写，按春夏秋冬的顺序写，按景物的类别写，按先总后分的顺序写。

（3）写生动形象：运用比喻、拟人等修辞手法，引用积累的优美词语和诗句等。

（五）点评欣赏互相提高

师生一起欣赏、评价，修改完善。

📖 范文展示

乡下好时光

荣根学校　李旭能

我的家乡位于江西省抚州市一个小小的村庄。每一次回去，时光都会变得格外美好。

那里有很多很多鸡，有公鸡，有母鸡，还有小鸡，大的、小的、黄的、花的，还有黑的……公鸡会打鸣让还在睡觉的人起床，可以说是我们起床的超级闹钟。母鸡生了很多鸡蛋，我的太奶奶就会把鸡蛋装在一个专门放鸡蛋的桶里，我往桶里看了一眼，哇，里面的鸡蛋可真多啊——1、2、3、4……这鸡蛋真是数也数不完啊！

家门前有一个不大的鱼塘，里面却游满了大小不一的各色鱼儿，还有层层叠叠的荷花和荷叶。一到夏天，那些花骨朵就会变成漂亮的荷花，我们就可以去摘几朵荷花，把婀娜多姿的它们放在花瓶里，好看极了！真是比花店里买的花还要令人赏心悦目。可是一到冬天，那个鱼塘就结冰了，那冰真是冰凉刺骨，似乎手一放上去都会结冰，我只能盼望夏天快点儿到来。

我们前面有一户人家，他们家养了两条大狗，一条黄狗，一条黑狗。这两条大狗可凶了，只要一见到人就汪汪大叫起来，吓得我每次从他们家门前过的时候，不是硬着头皮跑过去，就是绕路过去，生怕它们咬到我。但是，当我后来从爷爷口中得知它们能够拼命为主人赶走坏人时，我又对它们心生敬意，再见到它们也就不那么害怕了，因为它们是乡民的卫士和朋友。

一到中午，我发现家家户户的烟囱里都会飘出烟雾来，那烟雾浮在上空就如同把朴素的村庄变成仙境一般，让我感觉自己就是生活在仙境中的神仙或天使。

对了，我们还在鱼池边种了一棵柚子树，每到中秋节前，柚子树上都结满了一个个足球似的柚子。到中秋节早上的时候，我们和大人一起去摘那些沉甸甸的柚子。到了晚上，我们就会聚在一起吃月饼、吃柚子，观赏圆圆的月亮，那种滋味真是妙极了。

我的乡村生活是快乐的、美满的，还是有趣的。我期待着暑假快点儿到来，这样我又可以拥抱乡下，度过美好时光了。

五年级上册（人教版）

没有独立的写景习作，可学习课文习作方法，练习片段描写。

第二单元：家乡的景、家乡的情

学习课文时，用心体会作者的情感，想想作者通过哪些景物或事情表达情感，学习借景物抒发情感的写作方法。例如，《小桥流水人家》既有直接描写，又有间接表达，让读者感受到作者对家乡的喜爱赞美之情。古诗里借春风明月表达乡愁，借秋风表达乡思乡情。本单元园地日积月累，也收集了一些借意象传递情感的古诗词，不妨尝试让学生在周记里写一写。

五年级下册（人教版）

没有独立的写景习作，但有两个单元较大篇幅的景色描写，可练习片段描写。

第一单元"西部美景"和第八单元"异域风俗民情"

两个单元均有描写风俗民情的佳作。老舍先生的《草原》风景美、人情美、民俗美，情景交融，是一篇写景佳作，学生可以积累佳句，借鉴其写法。《威尼斯的小艇》抓住特点把人的活动同景物、风情结合起来，描写小艇的特点和它与人们的生活密不可分。课后亦有小练笔：要求学习作者观察细致、善于抓住事物特点，运用比喻手法，写家乡的某处景或某个物。可适当指导展示分享。

六年级上册（人教版）

第一单元：我是大自然中的一员

要求：

把自己想象成大自然中的一员，想象它们在大自然中是怎样生活或变化的，想象它们眼中的世界是什么样的，并融入自己的感受写下来。

目标：

1.调动五官，细心观察、用心感受大自然。

2.尝试通过联想和想象表达独特感受。

3.运用比喻、拟人、排比等修辞手法，从不同角度展示大自然的魅力。

4.观察时能用心，能投入感情，把自己观察的过程变成亲近自然的过程，变成欣赏和陶醉的过程。

《我是大自然中的一员》教学设计

教学目标：

详见本单元习作要求、目标。

教学重难点：

1.激励学生充分调动平时的生活积累，细心观察、用心感受大自然的美丽。

2. 能尝试运用多种修辞手法，如比喻、拟人、排比、联想和想象等，表达自己的独特感受。在写作中领会大自然的无穷魅力，并能从不同角度把这种魅力展示出来。

课前准备：

1. 录有虫叫、鸟鸣等自然界声响的磁带，绘有动植物生活场景的图片。

2. 看书或咨询，收集一些自然界的有趣现象。

教学过程：

（一）交流谈话，激趣导入

在作家迟子建的笔下，万物是有灵的。鸟兽虫鱼，花草树木，有自己的语言，有自己的智慧，有自己的世界。我们人也是大自然中的一员，静下心来，走进自然，感受自然，我们便能发现大自然的奥秘，感受到大自然神奇的魅力。

这节课我们就来写一写自己对大自然的独特感受。

（二）回顾课文学习写法

《山中访友》《草虫的村落》写法小结。引入王国维艺术的两重境界：有我之境，无我之境，举例加深理解。

有我之境，以我观物，故物皆着我之色彩。

无我之境，物我两忘，故不知何者为我，何者为物。

（三）大胆构思，精巧命题

1. 简单交流本组课文的题目，引发学生的积极思维。

师生共同讨论出一些题目：

我是一棵××树

小树与鸟的对话

雪的自述

大自然的声音

蟋蟀在唱歌

听雨

游×××

……

2. 习作要求。

（1）学习本组课文的写法，运用到自己的习作中。

（2）注意选取独特的视角，放飞想象的翅膀。

（四）拟写草稿，进行修改

1.习作，教师巡回指导，并对有困难的学生进行个别指导。

2.学生完成初稿，进行自我修改。

3.组内互读互改。

（五）朗读赏析，交流评议

1.每小组推荐一至两名同学，全班交流，引导学生进行赏析。

2.学生交流评议。

3.教师点评。特别要肯定习作中体现出的"独特感受"，恰当地运用联想和想象。

（六）再次修改，誊抄习作

再次修改自己的习作，清楚认真地抄写在作文本上。

📖 范文展示

叶子的世界

荣根学校　刘安琪

秋天又一次光临了这片森林，果子开始熟了，花儿开始枯了，落叶也要起飞了，而我就是其中一片小落叶。

微风拂过，我静悄悄地"飞"了下来，"飞"到了光滑又清澈的"镜子"上，我跟着小溪姐姐的脚步，一步一步流向远方，我想我可以环游世界了……

溪上的日子过得不错，听听风的声音、鸟的鸣唱，有时候遇到赶路的蚂蚁，寒暄一下，帮助他们过溪。可是这样美好的环境还是被一群可怕的施工声打破了，一棵棵大树倒下了，一朵朵鲜花去世了，一群群小动物都不翼而飞了。我被一阵风带走了，我又一次"飞"了起来，我告别了小溪姐姐，告别了大树妈妈，告别了这里的每一个小动物，告别了这森林里的一切。其实，我最想告别的还是那群破坏森林的"野兽"。我还是环游世界好了……

我落到了一个鸟巢里，里面有几只瘦小的雏鸟，一个个都在期待着什么。不一会儿，鸟妈妈回来了，嘴里却是空的，雏鸟们一下子变成了有气无力的状态："妈妈，我们太饿了，为什么还没有虫子？"鸟妈妈低下头，抹了一把心酸的泪水:"我对不起你们,那群'野兽'破坏了一切,这里已经很难找到食物了……"我心里为它们打抱不平,可我又有什么办法呢?雏鸟中有一只或许已经饿得不行了,竟然啄起我来!疼得我哇哇大叫:"小雏鸟!我是叶子啊!叶子啊!"鸟妈妈听到动静,连忙拉开小雏鸟,问我:"小叶子?你为什么被吹到了这里?"我叹了口气:"都是因为那群'野兽',我现在不想环游世界了,你送我回家好不好?"鸟妈妈很同情我,安顿好雏鸟们,便带着我上路了,在空中俯视,我看见的蓝天与湖水披上了银白色的外套,它们这样打扮多久了呢?湖水里的不是水,是泪,是湖水妹妹流下的泪;天上的云不是云,是烟,是蓝天弟弟感冒时吐出来的烟。我已经不想看见这个世界了,更别提什么环游了……

到森林里了,但我看见的是什么?是被打碎的湖水?是只留下年轮的树木?还是那群开怀大笑的"野兽"?

我不要环游世界,我只想要回我的世界。

六年级下册(人教版)

没有独立的写景习作,但有两个单元的景色描写,可练习片段描写或写周记。

第一单元生活感悟,有《桃花心木》借物喻人的手法,这是继五年级上册《梅花魂》及五年级下册《白杨》后第三次出现。借物喻人、托物言志作为景物描写里重要的表现手法,学生可以尝试运用写一写类似的文章。第二单元民风民俗,学生也可结合对传统节日及家乡风俗的认识,学习单元的写作手法进行习作。

小学中高年段写人习作序列解说和教学设计

蔡晓纯

一、写人习作序列总体解说

小学第二、第三学段，教材中总共出现了5次写人习作的要求，其中三年级上下册各有1次，四、五、六年级每学年1次。通过对比教材中的这5次写人习作，我们发现小学阶段的写人习作都有一个共同的要求：写出人物的特点。

在这个总要求之下，每次习作的具体要求又呈螺旋式上升。三年级上册"猜猜他是谁"，作为小学阶段的第一篇习作，重在培养学生的习作兴趣，只要求学生能按要求连贯地写一段话；三年级下册"写身边有特点的人"，开始要求学生用一件事来写出人物的一个特点；四年级下册"我敬佩的一个人"，在用具体事例写人物特点的基础上，要抓住人物的外貌、动作、语言、神态等描写来突出特点；五年级下册"写一个特点鲜明的人"，在四年级学习的外貌、动作等正面描写的基础上，要用上正面描写与侧面衬托相结合的方法来突出特点；六年级上册"写写身边的小伙伴"，从以往的写一件事表现人物特点，增加到两件事或多件事来表现特点，对学生选择和组织材料的能力提出了更高的要求。

此外，每学年的写人习作在习作修改、文章字数的要求上也在逐步提高。在习作修改方面，三年级写人习作鼓励学生把写完的作文给所描写的人看，听听对方的评价；四年级开始要求学生运用修改符号修改错误的词句，使语句通顺；五、六年级则要求从谋篇布局上对习作进行整体修改，通过修改使"人物特点更加突出"。

二、各年级写人习作具体要求、目标、教学设计

三年级上册（新编版）

第一单元：猜猜他是谁

习作要求：

用几句话或一段话来写一个同学，不能写出人物的姓名，而是通过写人物的外貌、性格、爱好等特点，让别人猜出文中写的是谁。

目标解读：

1. 第一次习作用"猜一猜"的游戏方式，重在引导学生观察周围世界，产生习作兴趣，乐于表达。

2. 能按要求连贯地写一段话，把意思写清楚。掌握写一段话时开头空两格的格式。

3. 在40分钟内完成，字数不少于100字。

《猜猜他是谁》教学设计

（一）游戏导入，激发兴趣

1. 课前热身——猜谜语游戏。

谜语一：一位大英雄，他身穿金光闪闪的战袍，头戴金冠，上天入地，手持从东海龙宫取来的金箍棒，降妖除魔、七十二变样样精通。——齐天大圣

谜语二：一位公主，她天生具有呼风唤雨的神奇魔力，身穿冰蓝色的轻纱长裙，有一头浅金色的头发。——Elsa公主

谜语三：他的小脸蛋儿圆嘟嘟的，可爱极了！——？

2. 对比讨论：为什么谜语一、二很好猜，谜语三却猜不出呢？

3. 明确：要想让别人猜出自己说的是谁，要准确说出人物最突出的特点，引出习作主题——"猜猜他是谁"。

（二）讨论交流，打开思路

1. 默读课本第一单元习作提示，明确习作要求：隐去姓名，介绍班上某个同学的特点，让同学们猜一猜你说的是谁。能在最短时间内被同学猜出，说明

你能抓住同学的特点，说得很好。

2. 议一议：我们可以从哪些方面来介绍一个人？

讨论明确：人物长相上与众不同的地方，经典语言（口头禅），代表性动作，亲切的小绰号，性格及爱好的突出特点，全班同学都知道的特殊事例……

3. 小组交流，练习介绍：以四人小组为单位，选择某个同学，四人合作完成对该同学的介绍。

4. 集体交流，你说我猜：四人小组派代表在全班交流，比一比哪个小组说得最好。

（三）范文引路，学习写法

1. 课件出示一个范文片段：

他有一头黑油油的头发，弯弯的眼睫毛，亮晶晶的眼睛，眼角底下有一个调皮的小黑点。他还有一对甜甜的酒窝，一笑起来特别好看。他虽然喜欢运动，每次都跑在最前面，但是性格有点内向，不爱说话。在学习上，他是我的好榜样。因为他上课认真听讲，作业按时完成，考试成绩非常优秀，我要向他学习。他是谁，你们猜到了吗？

2. 观察这个片段，说一说：在写作文的时候，我们要注意什么？

3. 观察，交流明确：

（1）开头要空两格。

（2）不能出现人物的姓名。

（3）外貌不需要全部介绍，要抓住外貌上突出的特点来写。

（四）动笔习作，指导评议

1. 学生动笔习作：写一篇小文章来介绍班上的某个同学，注意突出人物特点（外貌特征、兴趣爱好等），但不能出现人物姓名。注意开头空两格。

2. 教师巡视指导，了解学生的整体情况，帮助个别有困难的学生。

3. 教师根据巡视情况，选择3至5个同学上台读自己的习作，其他同学猜一猜写的是谁。

4. 教师相机点评、指导。

三年级下册（新编版）

第六单元：写写身边那些有特点的人

教材要求：

选择人物的一个突出特点，如"昆虫迷""智多星""热心肠"等，写一件事来表现人物的这个特点。根据所写特点，拟一个标题。写完后，把习作给所写的那个人看一看，听听他的评价。

目标对比：

三年级上册"猜猜他是谁"，只要能让别人猜出自己写的是谁就成功了，但此次习作全文要围绕人物的一个特点来写，学习筛选习作材料。

此次习作只写人物的一个特点，要写一件事来表现这个特点，使内容更具体、重点更突出。

三年级上册是写一段话，此次是一篇正式的写人作文，要学习合理分段，学习围绕所写的特点给习作取一个标题。

字数要求从不少于100字提升到不少于150字。

《写写身边那些有特点的人》教学设计

（一）热身游戏，聚焦特点

1.师：同学们，人与人之间相处久了，越来越熟悉，互相之间可能就会有一些可爱的小昵称，看看老师课件上的这几个昵称，哪个昵称会让你第一时间想起身边的某个人呢？

（课件出示：热心肠、智多星、乐天派、昆虫迷、小问号、小书虫、幽默王子、故事大王、运动健将）

2.请学生自由交流，重在引导学生说出看到某个昵称想起相应人物的原因。

3.发散思维：除了老师课件上的这些昵称外，同学们还知道哪些昵称？

（根据学生的回答进行归类、板书）

（二）围绕特点，筛选事例

1.举例启发思考：同学们，如果老师现在想写一个叫"昆虫迷"的人，要怎么写才能让读的人感受到他是"昆虫迷"呢？

（学生交流，师相机引导小结）

2. 在判断中学习事例的筛选：请同学们帮老师判断一下，下面这些事例，哪些事例能体现他是"昆虫迷"，哪些则不能呢？

课件出示：

（1）他很乐于助人，经常主动帮助同学。

（2）他特别喜欢观察小动物，有一次趴在地上看蚂蚁看了一个多小时。

（3）他足球踢得很好，每次我们班足球比赛他都是主力。

（4）他很喜欢看有关昆虫的书，一说起小昆虫就像个知识渊博的小博士。

（引导学生在判断中明确：同一个人会有许多特点和事例，但我们这次写要抓住他最突出的一个特点，然后围绕特点来选择事例，不要把不相关的其他事例写进来）

3. 拟写提纲，明确思路。

（1）在练笔本上，先写出自己想要写的人物的昵称，再思考自己想写什么事例来突出人物昵称的特点。

（2）四人小组交流讨论：互相评价所选择的事例能否突出人物的特点，给出修改的建议。

（3）推选小组代表，在全班交流，互相学习事例的选择。

（三）动笔习作，书写特点

1. 学生根据所列习作提纲，动笔习作。

2. 教师巡视指导，了解整体情况，对个别有困难的学生单独指导。

（四）展示例文，规范格式

1. 教师根据巡视情况，选择一篇中等文、一篇上等文进行投影展示，以学生的实际练笔为例，讲解习作中存在的问题。问题预设：

（1）习作标题。

在三年级之前的几篇作文中，学生已经知道要拟标题，但是此次习作要强调拟标题的方法，即要围绕习作的重点"有特点的人"来拟标题，可以直接用人物昵称作为标题，也可以用"昵称+人物姓名"作为标题。

（2）习作分段。

出示一篇有分段的学生习作和一篇没有分段的学生习作，引导学生关注分段的重要性（能使文章的重点更突出）。

本次习作可分为两至三段：开头介绍人物特点为一段，中间写事例为一段，结尾可再加一段再次强调人物特点。

2.学生根据教师讲解要求，对习作的标题、分段进行修改。

四年级上册（人教版）

没有单独的写人作文。

四年级下册（人教版）

第七单元：我敬佩的一个人

教材要求：

通过具体事例，写一个自己"最敬佩的人"。要把事情说清楚，表达出自己的敬佩之情。内容要具体，语句要通顺。写完之后认真修改。

目标对比：

1. 与三年级下册写"身边有特点的人"相比，虽然都要求用具体事例来写人物特点，但是此次习作要详写"人物令人敬佩"的部分，学习突出习作重点。

2. 本单元的导语中指出"阅读本组课文，要留心人物外貌、动作等方面的描写"，所以此次习作要引导学生向课文学习，抓住人物的外貌、动作、语言、神态等来刻画人物特点。

3. 三年级只是鼓励学生交流习作、倾听他人建议，四年级则要求写完后自主修改习作中有明显错误的词句，做到文从字顺。

4. 字数要求从不少于150字提升到不少于300字。

《我敬佩的一个人》教学设计

（一）设置悬念，引入话题

1. 课件出示两组四字词：

A组：身残志坚、坚持不懈、乐于助人、宽宏大度、诚实守信

B组：多才多艺、学识渊博、出口成章、料事如神、文武双全

2. 学生齐读两组词语，边读边思考：两组词语分别有什么共同点？（讨论，明确：A组描写的是人物的"优秀品质"，B组描写的是人物的"杰出才能"，分别板书）

3. 引导，过渡：我们常说"生活中不是缺少美，而是缺少发现美的眼睛"。我们身边有很多人，他们身上可能有美好的品质或者有杰出的才能，而这样的人都是值得我们学习的人。今天，我们就要挑选一个自己"最敬佩的人"，写一篇作文夸夸他们。（板书：我敬佩的一个人）

（二）审清题意，初定思路

1. 师：本单元我们认识了许多值得我们敬佩的人物，他们中有些是著名的人物，如执着求实的伽利略、全神贯注的罗丹；还有一些是我们身边具有优秀品质的普通人，如擅长画画的聋哑青年、坚持不懈的父亲。那么，单元习作又给我们提出了怎样的要求呢？请默读教材中的习作要求，圈画关键要求。

2. 学生交流自己的理解，教师归纳、小结习作要求：

（1）选择身边的人，有优秀品质或者杰出才能的人。

（2）通过具体事例来表现人物令人敬佩的地方。

（3）把事情说清楚，表达出自己的敬佩之情。

3. 合作交流，初定思路：围绕"我最敬佩的是谁？为什么？"两个问题，先四人小组交流、讨论，再派代表在全班交流。

4. 围绕品质，筛选事例。

（1）举例启发思考：如果我们要写的是一个"无私奉献的交警叔叔"，我们应该选择怎样的事例呢？如果要写一个"乐于助人的同学"，又该写什么事例？

（2）你打算选择什么样的事例来突出你敬佩的人的优秀品质或杰出才能呢？

（三）回顾课文，学习写法

1. 本单元的课文中，有许多地方写得特别精彩，再次默读下面几段话，想一想：它们有什么相同，又有什么不同？

课件出示：

（1）只见罗丹一会儿上前，一会儿后退，嘴里叽里咕噜的，好像跟谁在说悄悄话；忽然眼睛闪着异样的光，似乎在跟谁激烈地争吵。他把地板踩得吱吱响，手不停地挥动……

（2）父亲没有气馁，他在坡地的边缘砌了一道矮墙，再从山脚下把土一筐一筐挑上去，盖住了那可怖的岩石。

（3）他有时工笔细描，把金鱼的每个部位一丝不苟地画下来，像姑娘绣花那样细致；有时又挥笔速写，很快地画出金鱼的动态，仿佛金鱼在纸上游动。

2. 在讨论中明确"动作描写"的作用及写法：这三处都是抓住人物的动作描写来突出人物的品质特点，不同的是第一句和第二句描写的是不同身体部位分别的动作，如手、脚、嘴，而第三句则是描写了同一个身体部位——"手"一连串的动作变化过程。

3. 举一反三：除了动作描写之外，你还知道哪些描写人物的方法？请从课文中找出具体的例子来说明。

（预设：语言描写、心理描写、神态描写、外貌描写）

4. 小结：因此，在用具体事例表现人物令人敬佩的品质时，可以用上动作、语言、神态等描写，使人物的形象更加丰富，使人物的品质更令人信服。

（四）动笔习作，巡视指导

1. 学生动笔习作。

2. 教师巡视指导，了解学生的整体情况，帮助个别有困难的学生。

（五）运用符号，学习修改

1. 师："文章不厌百回改"，古有贾岛推敲的佳话，后有曹雪芹"批阅十载，增删五次"，才写成《红楼梦》。因此，要想写出好文章，同学们就要学会在写后主动修改。

2. 回忆一下，在四年级上册《那片绿绿的爬山虎》中，我们学习了哪些修改符号？（增、删、换、调）

3. 自主修改：现在请一边出声朗读自己的习作，一边用上这些规范的修改符号对自己的文章进行修改，减少错别字和病句。

4. 小组评议：在四人小组内朗读自己修改后的习作，互相学习优点、发现问题。

五年级上册（人教版）

没有单独的写人作文。

五年级下册（人教版）

第七单元：写一个特点鲜明的人

要求：

可以写熟悉的人，也可以写偶然见到的陌生人，试着运用本单元课文中一些写人的方法，写出人物某一方面的特点。写完后，同学之间互评互改，让人物特点更突出。

目标对比：

1. 本单元所选编的几篇课文，都采用了正面描写与侧面衬托相结合的方法来突出人物特点，此次习作要重点练习这种写法。其中，正面描写的方法在四年级已练习，此次可作为巩固，而利用次要人物对主人公的评价来侧面侧托，学生是第一次接触，要重点指导。

2. 三、四年级都是写自己身边熟悉的人，此次习作既可以写熟悉的人，也可以写偶然遇到的陌生人，旨在引导学生留心观察周围的世界，乐于分享自己新鲜的见闻。

3. 四年级主要是修改习作中错误的词句，五年级则要求从谋篇布局、写作方法等角度进行修改，通过修改要达到"让人物特点更加突出"的目标。

4. 字数要求从不少于300字提升到不少于400字。

《写一个特点鲜明的人》教学设计

（一）游戏热身，引入话题

1.根据关键词，猜本单元课文中的人物。

（1）爱财胜命。（严监生）

（2）泼辣张狂，阿谀奉承。（王熙凤）

（3）技艺高超，俗世奇人。（刷子李）

2.引出话题：就像课文中的这些主人公一样，生活中我们肯定也认识或遇到过一些"特点鲜明"的人，这些人的特点仿佛就是他们身上的烙印，让人过目不忘。今天就让我们也来当一回作家，一起用文字来画出人物的鲜明特点吧。

（二）激活记忆，温故知新

1.审题：自读单元习作要求，圈画关键提示。

（1）写作对象：可以是身边熟悉的人，也可以是偶然见到的陌生人。

（2）运用课文中写人的方法，写出人物某一方面的特点。

（3）写完要改一改，让人物特点更加突出。

2.对比新旧习作任务，激活以往的写人习作经验。

（1）课件出示三年级下册"写写身边那些有特点的人"，四年级下册"写一个我敬佩的人"的教材习作要求。

（2）启发思考：我们前两年也都写过类似的"写人作文"，当时你是用什么方法来写的？

（3）学生自由发言，教师归纳小结：用具体事例来突出人物特点；抓住人物的语言、动作、神态、外貌等细节来刻画人物特点；首尾呼应，反复强调特点。

3.过渡：同样是写出人物特点的作文，作为五年级的学生，如果写同一个人的同一个特点，我们怎样才能写得比三、四年级的时候更好？（引导学生关注教材习作板块中的一句提示："运用课文中写人的方法"）

（三）读写联动，写法迁移

1.除了我们以往的用具体事例，抓语言、动作、神态、外貌等写人方法外，这个单元的课文在描写人物特点时，还用到了什么新的写作方法呢？

2.学生回顾三篇课文，默读圈画。

3. 四人小组交流讨论，选出代表在全班汇报。

交流预设：正面描写与侧面衬托相结合。

（1）引导学生通过补充发言的方式，回顾课文中正面描写与侧面衬托相结合的具体例子：

《"凤辣子"初见林黛玉》中，不仅详细刻画了王熙凤的语言、服饰、容貌来突出她的泼辣张狂、阿谀奉承，还通过描写贾母对王熙凤的态度及黛玉对王熙凤的评价来侧面衬托其在贾府的地位。

《刷子李》中，不仅正面描写刷子李刷墙时的奇异动作、规矩，还通过徒弟曹小三前后的心理变化，侧面衬托出刷子李刷墙的效果好，共同突出刷子李的刷墙技术高超。

《小嘎子和胖墩儿》中，通过与胖墩儿的对比，更突出小嘎子机灵敏捷的特点。

（2）讨论：正面描写与侧面衬托相结合的方法有什么好处？

（3）运用：出示一篇三年级下册时，学生写的"一个有特点的人"的优秀习作，讨论如何运用正面描写与侧面衬托相结合的方法，来修改这篇优秀习作，使人物特点更加突出。

（四）动笔习作，巡视指导

1. 学生动笔习作。

2. 教师巡视指导，了解学生的整体情况，帮助个别有困难的学生。

（五）合作评议，习作升格

1. 教师根据巡视情况，挑选一篇有代表性的学生习作投影展示，全班讨论两个问题：这篇习作运用了什么方法来写出人物怎样的特点？有没有哪些地方修改后可以使人物特点更加突出？

2. 运用刚刚集体评议时采用的方法，四人小组内交流习作，互相评价习作，提出修改建议。

3. 布置作业：根据老师和同学们的建议，修改习作使人物特点更加突出，修改后重新誊抄一遍。

六年级上册（人教版）

第五单元：写写身边的小伙伴

要求：

学习课文《少年闰土》的写法，用一两件事来介绍自己的小伙伴，要写出小伙伴的特点。

目标对比：

1. 此次习作与以往的写人作文相比，最大的变化就是：用来表现人物特点的具体事例，从一件事增加到两件事，甚至几件事。如何根据人物特点来选择恰当的事件，对所选择的几件事例要按什么顺序来写，如何安排几件事的详略，这些都是本次写作的重难点。

2. 本单元习作前的学习内容是口语交际"留在心里的印象"，因此习作在口语交际的基础上，要初步表达自己对人物的印象，把印象最深的内容描写具体。

3. 字数上与五年级相同，依然是400字。

《写写身边的小伙伴》教学设计

（一）创设情境，畅谈印象

1. 师：同学们，你们今年已经是六年级的学生了，是学校的准毕业生。离开校园时，你最舍不得的是什么？（预设：学生会说"老师""同学""学校的风景"等）

2. 师：是啊，我们与身边的小伙伴朝夕相处了六年，如果将来分别后再次回忆起小学的同学，你们第一时间想起来的会是谁？为什么？

3. 学生畅所欲言。通过这个谈话环节，帮助学生快速锁定本节课的写作对象，初步确定人物留给自己的最深刻的印象，即本节课的写作重点。

（二）书写赠言，写出印象

1. 师：那么现在就让我们用文字的方式，写一则小赠言送给我们最舍不得的那个小伙伴吧。注意要写清楚自己不舍的原因，重点突出在自己的心目中对方与众不同的地方。

2. 课件播放学生日常活动的一些合照，配上背景轻音乐，帮助学生打开记忆，给学生3到5分钟时间书写。

3. 根据巡视情况，挑选几个学生的作品进行投影展示。

4. 小结过渡：同学们刚刚都写得很好，写出了自己的真情实感。如果只是作为一则小赠言，大家已经写得很好了。但作为六年级的学生，教材的编者对我们还有更高的要求。

（三）审题选材，细化印象

1. 默读教材单元习作要求，自主审题，圈画重点。

2. 交流明确习作要求：用一两件事介绍小伙伴，要写出小伙伴的特点。

3. 回顾已知，在对比中明确写作的新要求：课件出示三、四、五年级的写人习作要求，对比本单元的习作要求，同学们发现了什么不同之处？

4. 交流明确习作重点：以往只是写一件事，但这次可以写两件事，甚至几件事。也就是在刚才所写赠言的基础上，我们要再选择两件事或者几件事来说明对人物产生这样的印象的原因，通过事例使人物形象更丰满。

5. 回顾课文，学习写法。

（1）回忆一下，在本单元的几篇课文中，为了突出自己对人物的印象，作者分别写了哪几件事？

例如，《少年闰土》主要写了雪地捕鸟、海边拾贝、看瓜刺猹、看跳鱼儿四件事；《我的伯父鲁迅先生》主要写了追悼伯父、趣谈《水浒传》、笑谈"碰壁"、救护包车夫、关心女佣五件事。

（2）启发思考：但是在一篇习作中同时写几件事，怎样才能使文章有条不紊，怎样才能做好事与事之间的过渡连接呢？

（3）四人小组合作交流，提醒学生从本单元的几篇课文中寻找方法。

（4）明确同时写几件事的写法技巧：注意详略结合，可以详写一件事，其他事情略写；按一定顺序安排事例的先后顺序，可以按时间顺序写，也可以按主次写，先详写重点事例，再略写次要事例；事例与事例之间要注意写好承上启下的过渡句。

（四）动笔习作，巡视指导

1. 拟写提纲，明确思路：在刚才所写赠言的基础上，先列出自己打算用几件事来突出对人物的印象，每件事简单用一两句话概括。在事例旁边标明详略和先后顺序，确定写作思路。

2. 选择几名同学的提纲，投影展示，共同点评提纲是否合理。通过点评的过程，再次提醒学生习作中容易出现问题。

3. 学生根据提纲，动笔习作。

4. 教师巡视指导，了解学生的整体情况，帮助个别有困难的学生。

（五）讨论交流，修改习作

1. 写完习作后，四人小组内交流讨论，重点讨论三个问题：

（1）这篇习作写出了作者对人物怎样的印象？

（2）作者写了几个事例，这些事例与作者对人物的印象是否一致？

（3）事例的先后顺序、详略安排是否合理？

2. 找到自己所描写的那个小伙伴，把习作给对方看，听听当事人对习作的评价。

3. 根据同学的评价修改习作，使材料的安排更加合理，修改后重新誊抄一遍习作。

六年级下册（人教版）

没有单独的写人作文。

小学中高年段记事习作序列解说和教学设计

廖晓琳

一、记事习作序列总体解说

小学第二、第三学段，教材中共出现了19次记事习作的要求，其中三年级上册3次，三年级下册2次，四年级上册1次，四年级下册2次，五年级上册4次，五年级下册2次，六年级上册3次，六年级下册2次。其中，包括景、事结合及写人记事习作要求。由此可见，记事习作在整个小学阶段习作所占比例非常大，其重要性也不言而喻。记事习作最主要的就是要把事情的发展过程写清楚，突出文章中心，增强事情的生动性。

在习作的总目标要求下，每次习作的具体要求不仅在每一学段中呈螺旋式上升，而且在每一册教材中也呈现内部的螺旋式上升状态。就拿三年级上册记事习作来看，在第一单元"写一写自己的课余生活"中，主要以激发学生写作兴趣为主，只要求学生选择课余发生的有趣的、高兴的事情，连贯地写一段话即可；第二单元"我熟悉的人的一件事"，开始让学生初步学会筛选材料，并增加了写人的部分，对作文修改也有了简单的要求；第三单元"看图写作文——秋天的图画"中，增加了一些联想部分，并要求尝试在习作中运用自己平时积累的语言材料，特别是有新鲜感的词句，比如一些描述秋天景色的词语。可见每一次记事习作对学生的写作能力都是由简到繁，逐步训练，不断提升。

纵观整个二、三学段记事习作，每一次习作要求都在提高，有序地培养学生组织材料、运用写作方法的能力。三年级上册重在培养学生的写作兴趣，只要求写清楚事情的起因、经过和结果，并完整地写成一段话。三年级下册开始让学生学会运用六大要素（人物、时间、地点，事件的起因、经过和结果）写一篇正式的记事作文。四年级上册要求学生学会分解事情的经过，按照一定的顺序，把事情的经过一步一步写清楚，分段表述。四年级下册不仅只关注事情的描写，对事情中人物的描写也做了相应的要求，在"写写身边的那些热爱生命的故事"单元习作中，就让学生在表述故事内容时，还要学会抓住动作、语言、神态等描写方法，突出热爱生命的部分。五年级上册则更加注重学生拓展积累素材的途径，根据开展活动的情况，有条理地记录、运用平时积累的语言材料叙述事情的经过；对表达方法开始有具体的要求，并明确情感表达。五年级下册在整体上提升一个高度，更侧重谋篇布局和写作方法方面。六年级上册要求从写一件事增加到两件事或多件事，学会确立内容的详略、明确主次。六年级下册对学生的写作能力提出更高的标准要求，让学生学习编写提纲，梳理写作思路，在巩固文体结构和格式的基础上，熟练运用恰当的表达方法，学会把重点部分写具体，明确主次和详略。

除此之外，每学年的记事习作在习作修改、文章字数的要求上也在逐步提高。在习作修改方面，三年级写人习作鼓励学生把写完的作文给写的人看，听听对方的评价，简单地修改自己习作中有明显错误的词语和标点；四年级开始要求学生正确运用增、删、换、调四种常见的修改符号修改错误的词句，使语句通顺；五、六年级则要求从谋篇布局、写作方法和内容上对习作进行整体修改，由原先的自主修改提升到与师生交流、互评互改，使描写的事情更加清楚、生动。

二、各年级记事习作具体要求和目标

三年级上册（人教版）

第一单元：写一写自己的课余生活

要求：

可以写课余参加的活动，也可以写课余发生的有趣的事、高兴的事或者其他事。

目标：

1. 这是学生第一次习作，写贴近学生生活的话题，让学生产生习作兴趣，增加习作自信，喜欢上习作。

2. 学习抓住事情的起因、经过、结果把事情写清楚。

3. 在40分钟内完成，字数不少于100字。

第二单元：我熟悉的人的一件事

要求：

写身边熟悉的人身上发生的事情——写熟悉的人的一件事。

目标对比：

1. 在第一单元"写课余生活"的习作目标基础上，本单元要求继续写事，让学生持续产生习作的兴趣和自信。此外，还要让学生初步学会筛选材料。

2. 此次习作相比第一单元习作，增加了写人的部分，让学生选取熟悉的人的事情，继续练习抓住事情的起因、经过、结果把事情写清楚。

3. 写完习作后，可以读给写的那个人听，目的是在读的过程中，学会简单地修改自己习作中有明显错误的词语和标点。

《我熟悉的人的一件事》教学设计

教学目标：

1. 通过引导激发学生兴趣，让其倾吐心声，培养写作兴趣。

2. 运用"用一件事表达人物某一特点"的方法，抓住事件的起因、经过、结果，将事情表达清楚。

教学重难点：

领悟并运用"用一件事表达人物某一特点"的写作方法。

教学准备：

收集两篇优秀习作，用于点拨思路。

教学过程：

（一）回顾导入，明确要求

1. 通过三年级上册第二单元的学习，我们了解到了许许多多具有鲜明特点的名人及其感人的故事，今天就一起回顾课文中的精彩片段，书写自己身边最熟悉的人的一件事。（板书：我熟悉的人的一件事）

2. 播放本单元课文插图，引导学生回顾概述名人故事并归纳名人特点。（如列宁是个善解人意、尊重爱护儿童的人，高尔基是个关怀爱护下一代的人，李四光是个善于思考、不懈追求的人，宋庆龄是个诚实守信的人）

3. 本单元习作要求我们先选择一个熟悉的人，然后用一件事凸显这个人的某一优秀品质或性格特点。写完以后可以读给你所写的那个人听，请他评一评。

（二）梳理思路，把握写法

1. 老师根据本单元课文内容想出一道题，让大家猜一猜：

李四光 　　　　　　　　　　　　　　　　　（人物）

↓

善于思考 　　　　　　　　　　　　　　　　　（特点）

↓

问题：就一个大石头怎么来的问题，他就想了许多年。向师长请教，又去英国留学，才逐渐明白了其中的原因。他是谁？（事件）

2. 分析课文中事情的描写顺序，让学生以"首先……然后……（紧接着）……最后……"的句式概述《奇怪的大石头》的主要内容。旨在让学生更清楚事情起因、经过、结果的发展顺序。

3. 文章主要描写了李四光多年探究考察家乡一块巨石由来的故事，突出李四光善于思考的特点。在写作当中，我们可以选择人物最鲜明的特点以及突出该特点的具体事例，使文章的主题更加鲜明。这种写法便是"用一件事表达人物某一特点"的方法。特别注意，选择人物特点时，需要着重于人物的优秀品格、积极特点，围绕这些品质特点，写值得写的事情。

（三）发散思维，讨论学习

1. 在生活中跟我们熟悉的人物还有很多很多，如父母、老师、同学、朋友……认真观察一下，你最熟悉的人是谁？他长得怎么样？有什么爱好？他的性格是怎样的？

2. 你能用一个关键的词语或成语描述这个熟悉的人吗？引导学生运用一些新鲜的词语，并出示一些描写人物性格特点、品质的词语。（热心助人、善解人意、正直勇敢、温柔体贴、幽默风趣、善于阅读等）

3. 小组讨论交流：你知道他的哪件事最能突出这一性格或品质特点？

4. 引导学生积极与同学交流自己想写的事情，要求表达通顺合理。

教师点拨：

（1）选取的事情要与人物特点相关，可以按照起因、经过、结果的顺序将事情表达清楚。

（2）在写事的过程中，可以加一些人物的表情、动作、语言、心理活动等描写，丰富人物形象。

5. 出示例段，学习结尾写法，可以写一写自己对熟悉的人的印象，也可以写自己对这件事的感受或看法。

（四）习作练笔，巡视指导

学生将自己想写的人和事写下来，教师巡视，重点帮助和指导习作有困难的学生。

（五）交流赏析，指导评改

1. 教师根据巡视时的观察，抽取有代表性的几个学生读习作草稿，全班师生共评共改。

评价要点：

（1）叙述清楚有条理。

（2）语句通顺连贯。

（3）能按起因、经过和结果将事情写完整。

（4）人物特点鲜明。

2. 学生对比自己的习作，听取师生意见，认真修改，再次充实习作内容。

（六）作业布置，巩固写法

1. 将修改好的习作读给写的那个人听，在读的过程中，学会简单地修改自己习作中有明显错误的词语和标点。

2. 把最后修改好的习作，认真誊抄到作文本上。

第三单元：看图写作文——秋天的图画

要求：

写自己喜欢的一幅画秋天的图画，用上自己积累的词句。

目标对比：

1. 此次习作不仅要继续练习抓住事情的起因、经过、结果把事情写清楚，而且要尝试在习作中运用自己平时积累的语言材料，特别是有新鲜感的词句。

2. 在本次习作中，还要重点鼓励学生尝试运用描写秋天的景色的词句。

三年级下册（人教版）

第四单元：写写学习本领的过程

要求：

尝试回忆画画、游泳、滑冰、做饭、干农活等本领是如何学会的，在学习过程中发生了哪些趣事，从中你体会到了什么？选择一样趣事写下来，把从不会到学会的过程写具体，表达出真情实感。

目标对比：

1.本次习作明确要求写清楚学习这种本领的起因、经过、结果。

2.三年级上册是写一段话，记事习作要求仅在于把事情写清楚即可，此次是一篇正式的记事作文，要学习合理分段，把事情的经过一步一步地分解开，按照一定的顺序写具体。

（比如，学会了炒菜的经过——买菜、洗菜、切菜、炒菜）

3.字数要求从不少于100字提升到不少于150字。

第五单元：写写父母对自己的爱

要求：

用一两件事情写写父母对自己的爱，表达真情实感。

目标对比：

1.相比于之前的记事习作要求的三大要素（起因、经过、结果），本次习作提高了要求，需用上六要素（时间、地点、人物，事情的起因、经过、结果）完整地写一件事情。

2.对于学有余力的同学，尝试练习围绕一个中心写两件事。

3.在文章情感表达上也做了相应的要求，要写出真情实感。

《父母对我的爱》教学设计

教学目标：

1.能用一两件具体的事夸夸父母对自己的爱，也可以写自己与父母之间的感人故事。

2.能抓住父母的神态、语言和动作，写出他们对自己的爱。

3. 能写出自己的真情实感。

教学重难点：

按照六大要素（时间、地点、人物，事情的起因、经过、结果）把事情写具体、写清楚。

教学准备：

收集关于父母之爱的图片、视频和音频。

教学过程：

（一）犹怀舐犊之情——情境设置，真情交融

1. 播放音乐《世上只有妈妈好》，让学生谈一谈自己的父母好在哪里。

2. 父爱如山，母爱如海，父母对我们的爱，比山还高，比水还深，我们在爱的蜜罐中一天天茁壮长大。今天就让我们来谈谈爸爸妈妈对我们的爱。（板书：父母对我的爱）

3. 世界上最伟大的爱是母爱，世界上最深情的爱是父爱。我们每一天都在父母的关怀下健康成长。你的父母是怎样爱你的呢？他们做过最让你感动的事情是什么？

4. 学生畅所欲言，按照以下要求进行：

（1）把父母关爱自己的事情的过程认真想一想，尤其按照六大要素想清楚、想完整。

（2）小组之间互相分享。

（3）老师指名说一两件事情，让学生谈谈父母对自己的关爱。在学生回答时可以点拨其印象最深刻的父母的某些神态、动作或语言。

（二）品吟顾复之恩——赏析诗词，点明情意

1. 你所了解的关于父母之爱的古诗词有哪些？

2. 展示相关诗句，让学生摘抄一两句，并背诵：

（1）慈母手中线，游子身上衣。临行密密缝，意恐迟迟归。谁言寸草心，报得三春晖。（唐孟郊）

（2）万爱千恩百苦，疼我孰知父母？（《小儿语》）

（3）昔孟母，择邻处。子不学，断机杼。（《三字经》）

3. 你知道哪些关于父母之爱的典故？分享给大家听一听。

4. 补充典故知识：《孟母三迁》《跪乳之恩》《乌鸦反哺》。

（三）凝笔春晖寸草——书写练笔，教师指导

1. 将父母对自己的爱认真地写下来，注意人物的描写，突出事件的生动性，挑选感动的事例写清楚。

2. 教师巡视，对于习作较困难的学生进行点拨指导。

3. 提醒学生注意书写姿势，训练规定时间内完成不少于150字的习作内容。

（四）高论椿萱之慈——分享习作，修改文句

1. 选出部分同学朗读自己的习作，分享自己的想法。

2. 按照六大要素（时间、地点、人物，事情的起因、经过、结果），同桌间互相评价习作中描写的事例是否完整、具体。

3. 教师点拨指导。

4. 根据大家的建议，再次修改习作，特别注意修改自己习作中有明显错误的词语和标点。

四年级上册（人教版）

第六单元：胜似亲人

要求：

1. 看图，想象一下图中的老奶奶和女孩之间会发生怎样的故事，尝试写下来，内容要具体，语句要通顺。

2. 可选择写一写生活中的真实故事。这个故事可以是自己亲身经历的，也可以是听到的或者看到的。学会把经过写清楚、写具体，表达出自己的真情实感。写完之后自主修改。

目标对比：

1. 本次习作与三年级记事习作有共同点，都是要按照事情的起因、经过和结果完整地记叙一件事情。

2. 此外，还要学会分解事情的经过，按照一定的顺序，把事情的经过一步一步写清楚，分段表述。

3. 我们可以看到，三年级的记事习作一大共同点都是写与自己有关的或自己熟悉的事情。本单元习作加设了一定难度，拓展学生的思维，激发学生的想象力，给出一则《胜似亲人》的图画材料，让学生大胆发挥合理想象，编写相关的故事。

4. 这一单元开始尝试给学生多种选择，还可以写真实的故事，最好写出自己的感受。

5. 相比于三年级上册"我熟悉的人的一件事"习作目标对标点符合修改的要求——"可以读给写的那个人听，目的是在读的过程中，学会简单地修改自己习作中有明显错误的词语和标点"，此次习作更加注意标点符号的用法，让学生写完之后用四种常用的修改符号（增、删、换、调）修改。

6. 字数要求从不少于150字提升到不少于200字。

四年级下册（人教版）

第五单元：写写身边那些热爱生命的故事

要求：

可以把自己了解到的生命现象或是知道的身边那些热爱生命的故事写下来，并写一写自己获得的感受、得到的启发。内容要具体，写出真实的感受。

目标对比：

1. 按照三大要素起因、经过和结果，完整地记叙热爱生命的故事。

2. 在表述故事内容时，还要能抓住动作、语言、神态等描写方法，突出人物特点，并且对事情中关于热爱生命的部分进行重点描写。

3. 三年级习作训练要求更多的是鼓励学生互相交流习作，学会倾听他人建议，而四年级习作训练则要求写完后自主修改习作中有明显错误的词句，灵活运用四种修改符号（增、删、换、调），使文章愈加通顺。

4. 字数要求从不少于200字提升到不少于300字。

《关于热爱生命的故事》教学设计

教学目标：

1. 按照起因、经过和结果三大要素完整地描写热爱生命的故事。

2. 能抓住动作、语言、神态等，把事情中关于热爱生命的部分写具体。

教学重难点：

按照起因、经过和结果完整地把事情中热爱生命的部分写具体。

教学准备：

收集关于热爱生命的励志故事。

教学过程：

（一）话题交流，引出课题

1. 同学们，新学期开始了，春天也悄悄地来了，万物复苏，大地一片生机勃勃，你们想看看吗？最好是能够看得仔细些，看完后给大家介绍介绍。播放春天风景图。（幻灯片播放）

2. 启发思路：都说一日之计在于晨，一年之计在于春。春天是生命复苏的季节，在春天里你看到了什么？

3. 在一片生意盎然的景色中，不禁让人感叹生命的美好！回顾课文中关于热爱生命的故事，你能概述课文内容吗？

（二）开阔思路，真情融汇

1. 你所知道的身边关于热爱生命的故事还有哪些？你听到的、亲身经历的都可以，能给我们说一说吗？

2. 拓展一些关于生活中热爱生命的故事，开阔学生写作思路，如《假如给我三天光明》中的海伦·凯勒，中国的张海迪，四肢残缺的澳大利亚演讲家尼克·胡哲等名人励志故事；还有我们身边热爱生命、救死扶伤的警察、医生；以及生活中观察到的蚂蚁抱团逃离火海等生物现象。

3. 认真思考：从这些人、物的身上，我们可以得到哪些关于"热爱生命"的启示？

（三）佳作引路，章法导写

1. 听了刚才同学们的谈论，我觉得大家对热爱生命的故事知道得很多。如何把我们为之感动的部分用生动的语言描述出来，还需要"更上一层楼"。为了帮助大家，老师特意为大家收集了一些精彩的范例。相信大家一定会学有所获。读一读下面的佳作片段，说一说你的感悟和收获。

例句：

（1）陈洪光在一线抢救病人的70多个日日夜夜里，他亲自为100多名危重病人插管上呼吸机，经常会被病人喷射出的痰液、分泌物污染得一身一脸。（动作描写）

（2）谭老师意识到情况不妙，立即喊道："大家快跑，什么也不要拿！

快……"（语言描写）

2. 教师在写法方面进行指导，写作时可以运用一些描写方法，如动作、语言、神态、心理等描写方法，丰富人物形象，突出他们热爱生命的部分。

3. 学生尝试用一种或多种描写方法，试写一个凸显热爱生命的小片段，并念给同桌听一听。

（四）学习修改，读中学写

1. 教师收集关于增、删、换、调修改符号运用的案例句子，让学生体会修改符号的作用。

2. 出示一些病句，让学生尝试运用增、删、换、调修改符号进行修改。

3. 将刚刚试写的小片段，用四种修改符号自主修改。

（五）快速行文，佳作展览

1. 教师巡视指导，学生开始自由习作。

2. 教师选出两三篇佳作供全班欣赏，并给出修改建议。

3. 学生按照老师和同学的修改建议，再巩固运用四种修改符号自主修改习作。

第六单元：写写乡村生活趣事

要求：

围绕乡村生活和田园景物这个主题，写一写景物、人或者事，可以是自己亲身经历过的，也可以是听到的、看到的或者想到的，并谈一谈自己的感受或体会。

目标对比：

1. 按照起因、经过和结果完整地记叙一件乡村生活趣事。

2. 此次习作还要把印象深刻的部分写具体，分段叙述。

3. 本次习作还应培养学生主动运用积累的有新鲜感的语言材料的意识。用上平时积累的有新鲜感的词句，丰富文章语言。

五年级上册（人教版）

第一单元：读书故事

要求［三选一（主题：读书故事）］：

1. 分享自己和书的故事，也可以谈一谈读书的体会。

2. 可以采访身边爱读书的人，再根据采访时做的笔记，仿照课文整理出采访记录。

3. 围绕"开卷有益"及"开卷未必有益，看了那些不健康的书反而有害"开展一次辩论会活动。以"记一次辩论"为题，写辩论的经过。

目标对比：

1. 三、四年级着重于培养学生留心观察周围事物，积累习作素材，激发学生写作兴趣；五年级则更注重学生拓展积累素材的途径，通过讲述读书故事、交流读书体会、介绍采访心得、开展辩论等多种活动，挖掘出个人关于读书的独特感受。

2. 在三、四年级要求事情按起因、经过、结果的顺序表述的基础上，学生还需根据开展活动的情况有条理地记录、运用平时积累的语言材料叙述事情的经过。

3. 三年级关于修改习作部分，仅在于读给写的那个人听，学会简单地修改自己习作中有明显错误的词语和标点；四年级对修改习作有较细致的要求，让学生学会用四种常用的修改符号（增、删、换、调）自主修改。五年级更注重与同学交流心得，学着整理、修改作文。

4. 字数要求从不少于300字提升到不少于350字。

第二单元：二十年后回故乡

要求：

学用课文中作者表达感情的方法，以"二十年后回故乡"为内容，写家乡发生的变化，写自己的回忆。

目标对比：

1. 综观三、四年级的记事与想象相结合的习作要求，本次习作特别关注想象的合理性，要求结合一定的实际充分展开想象。

2. 对表达方法，开始有具体的要求，让学生学习本组课文表达感情的方法（借景抒情、叙事抒情、借物喻人），适当运用在自己的习作当中。

3. 此外，在以往表达真情实感的基础上，明确培养学生热爱家乡的感情。

《二十年后回故乡》教学设计
（韩首兴老师设计）

教学目标：

1. 激发学生的想象力，让学生发大胆地表达出二十年后故乡的样子。

2. 引导学生在自己的习作中，运用本单元学习的情感表达的方法，来表达自己热爱家乡的真情实感。

教学重难点：

1. 激发学生大胆合理想象二十年后家乡的人、事、景、物的巨大变化，有条理地表达出二十年后故乡的样子。

2. 把本单元学习的表达感情的方法（借景抒情、叙事抒情、借物喻人等方法），运用到自己的习作中去。

3. 培养学生热爱家乡的思想感情。

教学准备：

1. 通过网络搜索：二十年后人们的衣、食、住、行，教育、科技、生命健康等将会发生什么变化，选择自己感兴趣的几项内容抄写在练习本上。

2. 查找《二十年后的中国》《二十年后的家乡》等相关、类似的想象作文。

3. 查阅并背诵几句思念故乡的诗句。

教学过程：

（一）激情导入，营造氛围

1. 在杜甫笔下，流露出"露从今夜白，月是故乡明"的思乡浓情；在贺知章的诗中，吟诵出"少小离家老大回，乡音无改鬓毛衰"的回乡深情。

故乡是一个人的人生起点，也是一个人的精神归宿。假如你离开故乡将近二十年，你肯定十分想念自己的故乡，那么请大家想象一下，二十年后的故乡会是什么样子呢？

2. 揭示习作题目。（板书：二十年后回故乡）

（二）纵情想象，书写"变化"

我们生活在祖国南部的海滨城市——深圳，它发生着日新月异的变化，在过去的二十年里，深圳从一个小渔村一跃成为中国一线大城市，是祖国南部与世界交流的窗口，是创新创业的肥沃培养之地。

1. 欣赏深圳改革开放后发生的巨大变化的图片，感受"变化"的神奇。

2. 学生欣赏二十年后的世界的"变化"的神奇，猜想二十年后，自己的家乡会有怎样的变化。

（1）用一个词语表达你最希望看到的故乡的变化。

（2）要求：我的故乡在_____，二十年后，我希望她变得更_____。（学生说一个关键词，老师相机提炼整理，写在黑板上）

3. 选择黑板上的一两个关键词，以"终于回到了二十年未见的故乡，天哪！故乡的变化可真大啊！真是非常_____"的句式，展开想象写一写二十年后回故乡看到的景象，写一段话。

4. 要求：围绕你填写的关键词，可以具体描写街道、公园、道路、交通工具、建筑、自己家的房子、家乡的亲人、朋友等发生的变化，也可以写你特别关心的其他变化。注意想象要合理，写的时候要有一定的顺序，语句要通顺。

5. 学生分享，师生共同点评并修改。

（三）感情聚焦，表达深情

过渡：同学们，你们不仅很敢想，也很善于表达，但是老师听着听着，发现你们讲述的"二十年后回故乡"，似乎只有"二十年后的神奇变化"，而没有"回故乡"。

故乡，肯定有你最怀念的人，或者最难忘的事，或者最常想起的景，或者最难忘的物。二十年后回故乡，你见到他（她/它）们了吗？我们不妨来看看其他的作者是怎样描写自己故乡的。

PPT展示：

材料一

一进村子，左邻右舍都在家门口纳凉聊天，一看我回来了，他们热情地跟我打招呼——还是不变的淳朴乡音，还是一张张亲切的笑脸，还是那样的友善热情。远远地，我看到我朝思暮想的父母迎过来了，二十年未见，他们的身体依然那么健康！我激动得眼泪快要出来了，我情不自禁快走几步，抱住

父母，喃喃地说："爸、妈，我想你们了……我回来了……——《最怀念的人：父母》

材料二

摇桂花对我来说是件大事。所以，我总是缠着母亲问："妈，怎么还不摇桂花呢？"母亲说："还早呢，花开的时间太短，摇不下来的。"可是母亲一看天上布满阴云，就知道要来台风了，赶紧叫大家提前摇桂花。这下，我可乐了，帮大人抱着桂花树，使劲地摇。摇呀摇，桂花纷纷落下来，我们满头满身都是桂花。我喊着："啊——真像下雨，好香的雨啊——"——《最难忘的事：摇桂花》

材料三

尽管二十年未见，那小时候一年四季都花开满园、暗香缭绕的后院依旧是那般花团锦簇，姹紫嫣红。爸爸亲手种下的花儿随风而舞，水仙浓郁的清香钻进我的鼻子里，勾起我小时候的回忆。我在花丛中穿梭，仿佛回到了二十年前。院子的中央静静地站着我栽下的桂花，它轻轻地摆动着树枝，仿佛在欢迎我再一次返回故乡。——《最难忘的乡景：后院》

材料四：

尽管二十年未见，爷爷做的牛柳依旧那样美味。我仿佛又回到了童年，那时候，每次等着吃牛柳，我总是坐不住，不停地去看爷爷烧好没有。牛柳刚出锅，还没端出厨房，我便不管三七二十一，拿起筷子就吃。那紫中带白的洋葱配上烧得嫩滑的牛肉，令我吃了还想吃。——《最难忘的食物：牛柳》

1. 阅读后请思考：当你久离故乡，那么你记忆中最难忘的人、事、景、物是什么？最能代表故乡的符号是什么？请你至少选一种难忘的"符号"写下来。

2. 学生创作片段，老师巡视点拨。

3. 师生交流评议。

（四）依托诗文，完善结构

过渡：你们通过想象，既展现了二十年后故乡变化的神奇，又描写了故乡的永恒。"变"与"不变"之间是对故乡的怀念和热爱。

文章写到这里，内容已经很饱满了，但结构还不是很完整，还需要加个开头和结尾。这个开头和结尾怎样写才能想象合理而不意外呢，接下来，请同学们自己选择，写一个开头或者结尾，顺着自己的"文路"，读着自然流畅、情感真挚就可以。

1.课件出示有关思乡的古诗词和歌词。

（1）举头望明月，低头思故乡。

（2）浮云终日行，游子久不至。

（3）落叶他乡树，寒灯独夜人。

（4）露从今夜白，月是故乡明。

（5）少小离家老大回，乡音无改鬓毛衰。

（6）明月有情应识我，年年相见在他乡。

（7）家在梦中何日到，春生江上几人还？

（8）江南几度梅花发，人在天涯鬓已斑。

（9）乡音悠悠唤儿郎，我回到阔别的故乡，走遍天下山和水，最甜最美是故乡。

（10）归来吧，归来哟，浪迹天涯的游子；归来吧，归来哟，别再四处漂泊。

2.学生选择适合的诗句或歌词，顺着自己的文章思路，写出文章的开头和结尾。

（五）全课总结，布置作业

结束语：用上这样的开头和结尾，既写出这样变化的神奇，又写出这样不变的乡情，前后照应，使"二十年后回故乡"这篇文章洋溢着我们每个人深深的思乡之情。

作业：请同学们认真修改自己的习作，并誊抄在作文本上。

第四单元：生活的启示

要求：

写一写自己从生活中获得的启示或道理，可以是从一件小事、一句格言、一幅漫画引起的思考。

目标对比：

1.逐步尝试从阅读书籍中积累习作素材（名言警句），运用到写作当中。

2.学会读写结合，不止于分段，将事情的经过写具体，还要从单元范文中学习此类文章的谋篇布局，重视段与段之间的过渡（一句话或一幅漫画让我想到了什么，这对我们有什么启发），文章内容要具体，感情要真实。

3. 学会在与同学交流习作心得之后，与他人交换修改习作，着重从谋篇布局、写作方法等角度进行修改。在互评互改中，逐渐增加修改作文的能力。

第六单元：和爸爸妈妈说说心里话

要求（内容三选一）：

敞开心扉，写一写你最想对爸爸妈妈说的话，表达出自己的真实想法和真挚感情。

1. 你曾经有过不理解父母的时候，会生气、失落、难过，但通过一些你们之间经历的事情，逐渐体会到了父母的爱。

2. 你可以对父母提出一些建议，比如，请他们改进对你的教育方法或劝说他们改掉不好的习惯。

3. 你想和父母说一说其他心里话。

目标对比：

1. 此次习作目的在于增强写作意识，懂得写作是为了表达、沟通和交流。

2. 相比于三年级下册"写写父母对自己的爱"习作目标，本单元习作要求提升了高度，让学生能通过具体的事例，描述父母对自己深切的关爱；或是提出建议让父母改进教育方法、劝说他们改掉不良习惯；或是同父母说心里话，表达真情实感，畅所欲言。

3. 写完后读给爸爸妈妈听，达到写作是为了自我表达和与人交流的目的。

五年级下册（人教版）

第二单元：童年趣事

要求（二选一）：

1. 看图写作。观察图中关于孩子们进行小足球赛的一个场景，从图中感受童年生活的浓厚趣味和快乐心情。

2. 通过口语交际或童年照片的展示等，来激发学生表达的欲望，让他们写出自己的童年趣事，并且能够把事情经过写清楚、写具体、写得有趣，写出自己的真实感受。

目标对比：

1. 从生活经验出发，通过观察图片，想象孩子们进行小足球赛的激烈场景，并逐一写下来。

2. 继续学习运用积累的语言及学到的表达方式把事情经过写具体、写清楚，凸显童年的乐趣。

3. 学会主动与同学交流习作，注重从谋篇布局、写作方法等角度进行修改，做到语句通顺，行文流畅，书写工整。

4. 字数要求从不少于350字提升到不少于400字。

第四单元：一件令你感动的事

要求：

选择一件感人的事情，可以是自己亲身经历过的，也可以是听别人讲述的，还可以是从电影、电视、书中看到的。写的内容要具体，语句要通顺，感情要真实。

目标对比：

1. 学会拓展积累素材的途径，可以在口语交际的基础上选好写作材料。

2. 继续学习从本组课文里学到的表达方式运用到作文中，写的内容要具体，文句通顺，情感真实。

3. 相比于之前的记事习作修改要求，本次习作则选出典型习作全班共同评议，肯定优点，指出问题，反复修改作文。

《一件令你感动的事》教学设计

教学目标：

1. 学会多渠道在身边寻找令人感动的写作素材，养成细心观察的好习惯。

2. 继续按照三大要素，将一件事情的起因、经过和结果写清楚，着重突出感动的地方，加入本组课文学到的人物描写方法和环境描写方法等。

3. 尝试用叙事抒情、借景抒情、议论抒情相夹杂的方式表达自己的感受与看法。

教学重难点：

运用人物描写方法、环境描写方法和不同的抒情方法，重点描述事件中令人感动的地方。

教学准备：

1. 从电影、电视、书本中看到的或从别人那里听到的感人事情，把它摘录到笔记本上。

2. 思考：这件事为什么令你感动？感动的地方在哪儿？

3. 收集一些感人的视频、故事素材，多样化拓宽学生写作思路。

教学过程：

（一）课文回顾，揭示主题

感动的事儿，我们并不少见少听，感动无处不在，或是轰轰烈烈，或是细腻润心。本单元我们学习了四篇课文，都十分令人感动，你能说说四篇课文令你感动的地方在哪儿吗？

（预设）

《再见了亲人》中志愿军和朝鲜人民不是亲人胜似亲人的深情厚谊。

《金色的鱼钩》中老班长关心他人、舍己为人的高尚品质。

《桥》中老支部书记在生死关头不徇私情、英勇献身的崇高精神。

《梦想的力量》中小男孩善良勇敢的性情和对实现美好梦想的执着。

带着这一份份感动，我们走进第四单元习作——一件令你感动的事。（老师板书课题）

（二）多样品析，关注细节

1. 过渡句：四篇课文带给我们莫大的触动，能触动我们心灵深处的不是广而泛的大道理，而是牵动我们思想情感的具体情节和内容，更细微的还有这些人的动作、神态、语言等，这些都叫作"动情点"。在写作中只有捕捉住"动情点"，文章才能够深入人心、感人至深。

2. 让学生尝试关注细节，品析四篇课文：你认为最能打动你的"动情点"在哪里？

品析文句，学习细节描写的方法：

（1）山河咆哮着，像一群受惊的野马，从山谷里狂奔而来，势不可当。（环境描写，渲染紧张氛围，突出环境危急，衬托老汉高尚品质）

（2）我觉得好像有万根钢针扎着喉管，失声喊起来：老班长，你怎么……（语言描写，突出老班长舍己为人的感人行为）

（3）是您带着全村妇女，顶着打糕，冒着炮火，穿过硝烟，送到阵地上给我们吃。（动作描写，突出朝鲜人民对志愿军的深情厚谊）

点拨学生，在习作中可以运用多种描写手法，重点突出感人细节，点明中心，增强文章的"动情点"效果。

（三）引读佳作，拓宽思路

"动情点"不仅体现在我们生活中遇到过的不是亲人的人却给我们同样的关怀与温暖，也会出现在我们平常未发觉的亲情、友情中。

我们不妨读一读朱自清先生著名篇目《背影》，看一看他是怎么把动人情节写得生动而令人潸然泪下的。

片段节选：

我说道："爸爸，你走吧。"他往车外看了看，说："我买几个橘子去。你就在此地，不要走动。"我看那边月台的栅栏外有几个卖东西的等着顾客。走到那边月台，须穿过铁道，须跳下去又爬上去。父亲是一个胖子，走过去自然要费事些。我本来要去的，他不肯，只好让他去。我看见他戴着黑布小帽，穿着黑布大马褂，深青布棉袍，蹒跚地走到铁道边，慢慢探身下去，尚不大难。可是他穿过铁道，要爬上那边月台，就不容易了。他用两手攀着上面，两脚再向上缩；他肥胖的身子向左微倾，显出努力的样子。这时我看见他的背影，我的泪很快地流下来了。我赶紧拭干了泪，怕他看见，也怕别人看见。我再向外看时，他已抱了朱红的橘子往回走了。过铁道时，他先将橘子散放在地上，自己慢慢爬下，再抱起橘子走。到这边时，我赶紧去搀他。他和我走到车上，将橘子一股脑儿放在我的皮大衣上。于是扑扑衣上的泥土，心里很轻松似的，过一会儿说："我走了，到那边来信！"我望着他走出去。他走了几步，回过头看见我，说："进去吧，里边没人。"等他的背影混入来来往往的人里，再找不着了，我便进来坐下，我的眼泪又来了。

阅读后认真品析：文章令你感动的地方在哪儿？为什么令你感动？感动的句子中运用了什么表达方法？

（四）牛刀小试，增添"感动"

接下来，我们尝试用本单元课文中的表达方法，修改一篇短文。

信息出示：

档案：谭千秋，男，四川汶川德阳市东汽中学教导主任。

时间：5月13日22时12分。

地点：坍塌教学楼。

事件：就在墙面快要坍塌的那一刻，他张开双臂趴在课桌上，身下死死地护着四个学生。

细节介绍：在地震发生时，谭千秋正在教室里上课，危急时刻，他用双臂将四名高二（1）班的学生紧紧地掩护在身下。13日晚上，当人们从废墟中将他扒出来时，他的双臂还张开着，趴在课桌上，后脑勺被楼板砸得凹了下去，献出了年仅51岁的生命，而四名学生则在他的保护下成功获救。

整理事情的起因、经过、结果，尝试给以上的信息加上一些表达方法，将感动点放大，令人动情至深。

（五）列出提纲，妙笔生花

1. 那么，在生活中，哪件事让你深深地感动？请把这件事凝练成一两句话，分享给全班同学听听。

2. 用"感动是＿＿＿＿＿＿"的句式谈一谈自己对感动的理解与体会。

3. 尝试运用刚才我们分析材料的方式，将深深令你感动的事按照起因、经过、结果和感受纷纷列出来，形成提纲。

4. 将事情中最为感动的地方着重描写，运用所学的表达方法丰富文章内容，增强"动情点"的作用。学生写作，教师巡视点拨。

（六）集体交流，共评共赏

1. 将所写的内容与小组成员交流分享，成员之间给予修改建议。

2. 指名三四个同学分享令自己感动的事情，师生共同评议其立意、内容、结构和写作方法方面的优点和不足，并提出合理建议。

3. 朗读关于感动的名言警句，试着结合自己文章内容，选择合适的开头与结尾，写一写，最好能做到前后照应、点明中心或点题。

4. 按照点评意见，认真修改自己的作文，并把修改好的作文誊抄到作文本上。

六年级上册（人教版）

第三单元：写一写体现人们相互关爱的事情

要求：

写一写体现人们互相关爱的事情。

目标对比：

1. 相比于三、四、五年级对事情的起因、经过和结果写清楚的要求，此次习作还要求写清楚事情发展变化的过程。

2. 本次习作还侧重能够写清楚事情发生的环境。

3. 围绕写人记事的习作要求，继续巩固学习运用语言、动作、心理描写等方法刻画人物。

4. 本次习作还应围绕习作目的，把事情的重点部分写具体，尝试表达感受与想法。

5. 主动与同学交流习作，并正确运用修改符号，互相修改习作。

6. 字数上与五年级上册相同，不少于350字。

第五单元：写写身边的小伙伴

要求（二选一）：

1. 学习课文《少年闰土》的写作方法，选择一两件事，介绍你的小伙伴，把小伙伴的特点详细描写出来。

2. 根据课文《少年闰土》故事内容，续写后面的故事情节，大胆发挥自己的想象，把事情的起因、经过和结果写清楚、写具体。

目标对比：

1. 此次习作与以往的记事作文相比，较大的变化就是：学会用一两件事体现人物特点，在事例数量上有所增加。本次写作的重难点在于根据人物特点来选择合适的事件，并梳理一定的顺序来合理排列这几件事，恰当安排几件事的详略。

2. 本单元习作前的学习内容是口语交际"留在心里的印象"，本次习作应在口语交际的基础上，初步表达自己的对某个人物的印象，并把印象最深的内容写具体、写清楚。

3. 学会主动与同学交流习作内容，运用修改符号，互相修改习作。

第八单元：写一写学习某种艺术过程发生的故事和感受

要求（二选一）：

1. 学习《我的舞台》中的表达方法，写一写在学习某种艺术过程中，发生了什么令你记忆深刻的故事，并谈一谈自己的真切感受。

2. 也可以写一写自己喜欢的一件艺术品或一次艺术欣赏活动等关于艺术的事、物。

目标对比：

写事：

1. 相比于其他的记事习作，本次习作在选材方向上有更多的选择，可以生动有趣地记叙学习某种艺术过程中的故事，也可以写一写自己参与的某次艺术欣赏活动等。

2. 在习作前的口语交际环节以"身边的艺术"为主题，本次习作可以在口语交际的基础上确定习作素材，学会确立内容的详略、明确主次。

3. 本次习作还注重学习表达感受的写作方法，让学生学会回忆课文中作者表达感受的方法，注意在习作中加以运用，写出自己的真实感受。

六年级下册（人教版）

第一单元：难忘的"第一次"

要求：

既要把"第一次"的经历写清楚，还要写出经历"第一次"之后获得的启示。

目标对比：

1. 结合本次习作之前的同一主题的口语交际，初步表达自己对"第一次"的经过的感受，并把这个经过按照事情发展的顺序完整地记叙下来。

2. 相比于三年下册"写写学习本领的过程"，本次习作不仅要学会分解事情的经过，把过程写具体；还要围绕习作目的筛选材料、确立主次，学习编写习作提纲。

3. 根据习作目的，熟练运用已掌握的表达方法，巩固记事文体的结构和格式要求，能写出自己的感受和想法。

4. 字数上与五年级下册相同，不少于400字。

《难忘的"第一次"》教学设计

教学目标：

1. 创设情境，激发学生兴趣，确定习作内容，列好习作提纲，将"第一次"的经过分部分详细具体地写出来。

2. 结合本单元的课文学习的表达方法，将其运用到自己的习作中，并表达自己的深切感悟，写出自己的真实感受。

3. 提升学生修改作文的能力，在表达和评价中清楚如何写好作文。

教学重难点：

1. 培养学生收集材料、巧妙构思、列好提纲的写作习惯。

2. 让学生灵活运用学过的写作技巧和表达方法，在习作中充分表达自己的感悟与感想。

教学准备：

1. 准备傅园慧夺得锦标赛银牌的视频及其采访录。

2. 搜索相关优秀文章片段。

3. 让学生思考：你印象中最深刻的第一次做了什么？

教学过程：

（一）话题交流，营造氛围

同学们，从咿呀学语到蹒跚学步，我们经历过许许多多的第一次，第一次穿衣服、系鞋带、洗衣服、洗碗、做饭、骑自行车、游泳等，太多的第一次在我们记忆中深藏着，今天我们就借此机会让过去印象最为难忘的"第一次"场景浮现在我们的脑海中。（板书：难忘的"第一次"）

1. 学生畅谈自己印象最深刻、最难忘的"第一次"是什么。将一些特别的"第一次"写在黑板上。

2. 把自己最想写的"第一次"的内容写在作文稿纸上，明确写作内容。

（二）表达自由，回顾经历

过渡语：你们说了那么多自己经历过的"第一次"，老师很是好奇，真想听你们说一说。

学生畅所欲言，老师相机引导。

（指名学生简要说一说自己的"第一次"，引导学生从不同方面去谈）

（三）视频学习，列好提纲

1. 播放傅园慧获得2011年锦标赛银牌的视频及其采访录。

2. 学生尝试用自己的话概述傅园慧"第一次"做了什么。

3. 运用"开始……然后……紧接着……最后……"的句式再次概述傅园慧"第一次"经历了什么，她是怎么做的。

4.学会写作文提纲：

（1）题目：确定写作对象或目的。

（2）主要内容和中心：抓关键词，明确文章的中心。

（3）结构安排：

① 安排好材料的组织顺序：先写什么，后写什么，全文一共分为几个段落，每个段落内容是什么，要以小标题的形式按照一定的顺序组织起来。

② 确定好重点写的内容。要依据表达中心的需要，确定内容的主次，在相应的自然段写上"详、次详、略"的字样。

③ 一句文章的材料和中心思想，确定好开头与结尾，并在提纲中简单注明运用的方法，如前后照应等。

④ 设计好点题的具体方法和方式。

⑤ 考虑各个段落间的过渡。

5. 引导学生尝试着将自己谈到的、想到的"第一次"经历，也用相同的句式写一写，学会列提纲，老师巡视点拨。

（四）探究交流，评议细节

1.将自己列好的提纲与小组同学相互交流，互相指出修改建议。

2.各组派代表向全班同学分享自己的写作思路，师生共同评议。

3.根据建议，将事情的经过写成小片段。

（五）读写结合，巧用方法

1.阅读优秀范文（片段）：

那是6岁那年的一天，我见到同学们个个骑着单车在小区里比赛，便嚷着爸爸拆掉四轮车的两个轮让我骑，他高兴地答应了。

十分钟后，练习开始了，刚刚坐上单车，我满怀信心，以为三两下就能学会。我坐上单车，手握车把，挺胸抬头，用力蹬脚踏板。没想到，蹬了几圈，车子"嘭"一声倒在地上。这一摔，把我的自信心全摔没了，把我的勇气摔飞了，把我的笑脸摔成了哭脸。

这时，爸爸跑过来告诉我：当车即将摔倒的时候，要将车头稍稍摆过去，这样就可以避免摔跤。在老爸的鼓励下，我又鼓起勇气把车子扶起来。我在一次次摔倒中，坚定地站了起来。

"我不相信征服不了你！"我心里发狠地说了一声，又骑了上去。这次，单车突然听话了，不再摔了，我一连兜了好几圈都没摔下来。

这时，刚才躲在乌云背后的太阳露出了笑脸，好像在为我的成功而喝彩。第一次骑单车，虽然摔得满身灰，但是终于成功了！我从学单车中得到一个启示：无论做什么事，只要努力，一定能成功。

2. 师生对比刚刚同学分享的习作片段和范文，共同评议，给予建议。在具体写事件经过时应该要划分不同的部分，确定每一个部分的主要内容。此外，还需要运用一些人物描写和环境描写等写作方法，丰富事件过程与细节。文章的最后要谈一谈自己的真实感受与想法。

3. 尝试修改自己的文章，老师点拨指导。

4. 小结课堂，让学生将修改好的习作誊抄到作文本上。

第四单元：写一写有关自我保护的事情

要求（二选一）：

1. 写一写自己经历的或从其他渠道了解到的自我保护的事情。

2. 写读了《鲁滨孙漂流记》的感想。

目标对比：

写事：

1. 本次口语交际和习作都是围绕《鲁滨孙漂流记》中"学会生存"的内容进行，因此习作可以在口语交际的基础上，从多个渠道，如电视、报纸、杂志等媒体上获得素材，结合自己的经历来组织习作内容，明确主次。

2. 本次习作由于来自课文阅读后的启发拓展，因此习作中更加侧重表达自己的感受、感想。

3. 与以往修改作文部分不同的是，此次习作要求自己先修改习作，然后再围绕习作目的，与同学从内容、结构上互相修改习作。

小学中高年段状物习作序列解说和教学设计

傅杏兰

一、状物习作序列总体解说

何谓"状物"？《现代汉语词典》的解释为：描绘事物。"状物习作"就是通过一定的写作手法将物体的形象（特点、形态、色彩、质地等）描写出来的习作。而这个"事物"根据小学阶段习作的内容主要可分为三大类：一是动物，如猫、狗、马等；二是植物，如花、草、树等；三是物品，如文具、书籍、工艺品等。

状物习作最主要的要求是将事物的特点描写清楚，并表达自己对该事物的真情实感。要抓住事物的特点，就需要作者做到细致耐心的观察，因此状物习作不仅成了培养小学生观察能力的重要载体，也成了训练小学生表达能力和写作能力的极好方式。

综观小学第二、第三学段，教材中总共出现了9次状物习作要求，其中3年级上册出现2次，四年级上册出现2次，五年级上册出现1次，六年级上册和下册各出现2次。通过对比各个年级教材中的这9次状物习作，发现小学阶段状物写作都有一个共同的要求：按照一定的顺序将事物的特点描写清楚。

在这个总要求的统领下，每个年级的习作要求又呈螺旋式上升。三年级上册第四单元的习作内容是写观察日记，要求把观察到的事物写进日记里。第五单元的习作内容是把收集到的有关中华传统文化的文字、图片、实物等资料整理一下，写成一篇习作。作为小学阶段真正意义上的状物习作的起步，重在培养学生习作的兴趣，初步教会学生观察事物的方法，能够按一定的顺序将事物的特点写清楚，能按要求连贯地写一段话。

四年级上册第二单元还是安排了写观察日记，在三年级的训练基础上，又提出了新的要求：能够进行连续观察，写清楚事物的变化特点；能分段将事物的几个方面特点写清楚。第四单元的习作内容是写一种自己喜欢的动物，要求在按顺序写清楚动物特点的基础上，还要通过具体的事例表达自己与动物之间的真情实感。

五年级上册第三单元的习作内容是选择一种物品介绍给大家，如蔬菜、水果、玩具、文具或电器等。除了能够按一定的顺序将事物的特点写清楚外，还要求在原来的基础上运用说明方法，使所描写的事物特点更加准确客观，突出表达的效果。

六年级上册第一单元"想象自己是大自然中的一员"，第八单元是写"一件艺术品"，这两次习作不仅仅局限在将事物的特点写清楚，还要调动自己的精神体验，尝试表达由事物引起的联想和想象，在所听所见的基础上表达自己的想象与感受。六年级下册第一单元要求写"有感触的事物"，第二单元写"民风民俗"，这两次习作的要求与上册的要求一样。

此外，每学年状物习作在文章字数、习作修改等方面的要求也呈螺旋式上升。在文章字数方面，三年级处在习作的起步阶段，要求学生能写一段完整的话，第一学期在40分钟内能完成不少于100字的习作，第二学期要达到150字；四、五、六年级要求学生能进行分段写作，字数要求提高。在习作修改方面，三年级鼓励学生将自己的习作读给别人听，在读的过程中学会修改习作中明显错误的词语和标点；四年级开始要求学生运用修改符号，修改错误的词句，使语句通顺；五、六年级要求学生能主动与同学交流自己的习作，在交流中互评互改，能从谋篇布局上对习作进行整体修改。

二、各年级状物习作具体要求、目标、教学设计

三年级上册（人教版）

第四单元：观察日记

要求：

把观察到的事物写进日记里面。

目标：

1. 了解实用文体"日记"的格式和要求。

2. 初步学习观察的方法。

3. 观察周围世界，在习作前，要教会学生积累感兴趣的材料。

4. 练习抓住事情的起因、经过、结果把事情写清楚。

5. 在40分钟内完成，字数不少于100字。

教学目标：

1. 观察自己感兴趣的事物，抓住事物的特点，初步学习观察的方法。

2. 教会学生将观察的起因、经过、结果写清楚。

3. 教会学生习作前收集和提取相关资料的方法。

教学重难点：

1. 重点：了解实用文体"日记"的格式和要求。

2. 难点：有顺序、有方法地观察植物的特点。

教学准备：

1. 习作前布置学生选定一个自己感兴趣并且比较方便观察的植物作为观察和写作的对象，在观察的过程中要填写老师事先发的观察记录表。观察记录表的信息能帮助学生收集习作的素材。

2. 收集资料了解所观察植物的相关信息。

教学过程：

（一）图片导入，激发兴趣

PPT展示有关植物的图片，让学生介绍自己喜欢的植物，激发学生进行观察写作的欲望。

过渡语：同学们，我们的生活离不开植物的装点，它们是我们的好朋友，但是你们对这些好朋友了解得够深吗？如果能通过你们的观察和介绍，让别人认识并了解这些植物朋友，那该多好。今天我们就来学习怎样描写植物。

（二）制订计划，指导观察

教师引导学生根据所选定的植物的生长特点，和学生一起制订观察计划，制作观察记录表。（由于三年级学生年龄还较小，对于观察和记录还掌握不了要领，这个观察计划的实施还得动员家长协助）

植物生长观察记录表

时间	天气情况	生长变化记录					
		根	茎	叶	花	果实	其他

（三）整理记录，准备写作

1. 根据观察记录表，整理观察笔记，引导学生关注天气情况对植物生长的影响。

2. 根据观察总结所观察植物的根、茎、叶、花等各方面特征。

3. 描写植物的时候注意观察的顺序。例如，先整体再局部、先局部后整体、从上到下等。

4. 通过范文展示，让学生了解并总结写观察日记的格式和要求。

PPT展示范文（范文来自网络）：

观察日记五则——蒜苗的成长过程

9月23日　　　星期五　　　晴

听说蒜还能长出蒜苗呢！我很好奇，便想准备泡一些蒜好好观察观察它是如何长出蒜苗的。

到了家以后，我把我们家的蒜找了出来，然后把蒜剥开，用牙签把它们穿在一起，然后放到一个我们平时吃饭的碗里，让它们都竖立在碗边，以免它们都倒了。

睡觉的时间到了，但是我不想去睡觉，因为我担心在我睡着的时候蒜长出了蒜苗，那样我就看不到蒜苗的生长过程了。

9月24日　　　星期六　　　晴

早上我早早就起了床，迫不及待地来到了我的书桌前观察蒜的变化。我看到蒜的底部长出了一些又短又白的须子，可是并没有看到蒜苗，我感到好遗憾，因为我都没有看到那些须子是怎么长出来的。不过好在蒜还没有长出蒜苗，这样的话我还有机会看到蒜苗是怎么长出来的，好期待啊！

9月25日　　　星期日　　　晴

今天我发现我种的那些蒜有的已经变小了，看样子像是死掉了，不过有的蒜的上面已经探出了黄绿色的小脑袋，大约七毫米，而且它们底部的那些又白又细的须子也变长了。我好开心啊，蒜终于长出蒜苗了。

9月26日　　　星期一　　　晴

一放学，我就迫不及待地跑回家看我的小蒜苗，蒜苗已经变长了，它由半黄半绿变成了青绿色。它像穿着嫩绿色衣服的小姑娘，好可爱啊，好期待它快快长大。

9月27日　　　星期二　　　晴

今天我发现那些旁边的蒜也长出了蒜苗，它们是半黄半绿色的，非常可爱，像是一个香蕉，还像一个张着嘴的小孩。底部的那些须子有的已经变长变黄了，有的已经烂了，它们不再像以前那么白了，而且蒜的外皮也变厚了，看上去非常强壮了。我好开心啊，同时也期待着它们快快长大。

5.小结观察日记的格式要求。

（1）先在第一行中间写上某月某日、星期几以及天气情况。

（2）第二行空两格开始写正文，写日记时还要对材料进行合理的安排。（由于三年级学生正处在作文的起步阶段，刚开始对文章字数的要求不能太高，以免打击学生习作的积极性。鼓励学生用一段话表达清楚事物的一个特点或一件事即可。能力较强的学生可进行分段习作，做到层次清楚，段落分明，条理清晰）

（3）日记中写清楚自己观察的起因、经过和结果。

（四）学生习作，教师指导

1.学生当堂作文，教师巡视指导。

2.引导学生抓住植物最主要的特点进行介绍，不要记流水账，在介绍植物的过程中还要遵循一定的观察顺序，如先整体再局部、由上到下等，使自己的观察日记更有条理。

3.教师巡视，展示不同层次的习作，指导学生修改自己的习作。

（五）小组交流，指导修改

鼓励学生大声朗读自己的习作，尝试修改自己习作中有明显错误的词语和标点。

板书设计：

观察日记

明确观察对象

制订观察计划

了解日记的格式

第五单元：介绍物品

要求：

把收集到的有关中华传统文化的文字、图片、实物等资料整理一下，找出自己最想告诉大家的，写成一篇习作。

目标对比：

1.本单元的习作与第四单元的观察日记一样，都要求习作前教给学生收集资料的方法，可见信息的收集和提取能力成了学生习作训练的一个重点。

2.第四单元的观察日记要求学生掌握观察的方法和顺序，而本单元习作要求教给学生按照事物的几个方面有条理地写清楚事物的方法。可见，状物习作的重点是要按照一定的观察顺序将事物的特点描写清楚。

《介绍物品》教学设计

教学目标：

1.能抓住特点说说自己熟悉并喜欢的物品，激发热爱这种物品的情感。

2.观察了解这件物品的外形、结构、功能等特点。

3.能按一定的顺序抓住几个方面介绍这种物品的特点。

教学重难点：

抓住这种物品的特点，学习按照事物的几个方面有条理地介绍物品的特点。

教学准备：

布置学生收集有关中华传统文化的文字、图片、实物等资料，选出自己最想告诉大家的，写成一篇习作。

教学过程：

（一）谈话导入，确定对象

1. 导入：同学们，在口语交际课上，大家畅所欲言，分享了自己对中华传统文化的了解和喜爱。有的同学介绍了自己喜欢的民间工艺品，如陶瓷、剪纸、布艺、泥塑等；有的同学介绍了自己喜欢的民间艺术，如戏曲、书法等；还有的同学介绍了自己喜欢的传统节日的习俗，如端午划龙舟、清明扫墓、中秋节赏月等。今天我们就来学习如何通过习作介绍一件你喜欢的体现传统文化的物品。

2. PPT展示各种体现传统文化的图片，指导学生认真观察。

3. 确定观察的对象。（本教学设计以观察陶瓷财神爷小摆件为例）

（二）指导观察，抓住特点

1. 先整体观察财神爷小摆件，抓住小摆件的大小、颜色、质地进行观察。

2. 再局部观察财神爷小摆件，可以由从上到下的顺序进行观察。例如，头上戴的帽子，脸部表情（眉、眼、耳、鼻、嘴等），双手捧着的玉如意，身形，衣着（衣服上的特点）等。

（三）指导写法，准备习作

1. 抓住物品的特征进行描写。

2. 按一定的顺序进行介绍（从整体到局部，从上到下等）。

3. 运用恰当的修辞手法（比喻、拟人、排比等）。

4. 适当增加与财神爷有关的传统文化内涵（寓意、故事等）。

5. 习作的布局：开头直接引出所选的物品，中间有顺序、有条理地介绍物品的特点，结尾表达自己对这个小摆件的感情。

（四）学生习作，教师指导

1. 学生当堂作文，教师巡视指导。

2. 教师巡视指导，展示不同层次的习作，让学生学习表达，知道怎么入手习作。

（五）小组交流，指导修改

学习修改自己习作中有明显错误的词语和标点。

（六）交流收获，提升认识

小结：知道状物习作要做到"抓特点，有顺序"。

板书设计：

我喜欢的一个小物件

抓特点：大小、形状、颜色、材质等

有顺序：整体到局部、上到下、里到外等

三年级下册（人教版）

没有单独的状物作文。

四年级上册（人教版）

第二单元：观察日记——写一样事物（动物、植物、物品等）

要求：

近来，你观察了什么事物？是如何观察的？在观察过程中有什么新发现？如果是连续观察，写了观察日记，可以选几则进行修改加工，形成一篇习作，题目可以用《观察日记×则》，注意日记的格式。

目标对比：

1. 与三年级上册第四单元的观察日记相比，两次习作都要求按照一定顺序将事物的特点写清楚。

2. 三年级上册的观察日记要求选择事物一两个方面描写清楚，但是本单元的观察日记要求学生能进行连续观察，能按照事物的几个方面有条理地写清楚事物的变化特点。

3. 在习作修改方面，三年级处在习作的起步阶段，鼓励学生将自己的习作读给别人听，在读的过程中学会修改习作中明显错误的词语和标点；而四年级开始要求学生愿意与他人分享习作的快乐，运用修改符号（增、删、换、调）修改错误的词句，使语句通顺。

4. 在文章字数和布局方面，三年级习作字数要求在100—150字左右，而到了四年级字数提升到不少于300字，并且能在习作中进行分段表述。

教学设计：

由于本单元的习作与三年级上册第四单元的习作内容相同，只是目标要求有所提升，因此本教学设计在三年级上册第四单元的设计基础上进行相应的调整。

教学目标：

1. 学生有顺序地观察事物，掌握常用的观察方法：全面观察和重点观察；重复观察和长期观察；对比观察。

2. 引导学生进行连续观察，写清楚事物的变化特点。

3. 能按照事物的几个方面有条理地写清楚事物，分段叙述。

4. 认识并运用四种修改符号（增、删、换、调）修改习作。

教学重难点：

1. 按照事物的几个方面有条理地写清楚事物，分段叙述。

2. 能连续观察，写清楚事物的变化。

教学准备：

1. 布置学生选定一个比较方便观察的植物作为写作对象。

2. 制订观察计划，指导学生进行连续观察，并做好观察记录。

教学过程：

（一）图片导入，激发兴趣

PPT展示有关植物的图片，让学生介绍自己喜欢的植物，激发学生进行观察写作的欲望。

过渡语：同学们，我们的生活离不开植物的装点，它们是我们的好朋友，但是你们对这些好朋友了解得够深吗？如果能通过你们的观察和介绍，让别人认识并了解这些植物朋友，那该多好。今天我们就来学习怎样描写植物。

（二）制订计划，指导观察

教师引导学生根据所选定的植物的生长特点，和学生一起制订观察计划，制作观察记录表。（由于四年级学生年龄还较小，对于观察和记录还掌握不了要领，这个观察计划的实施还得动员家长协助）

植物生长观察记录表

时间	天气情况	生长变化记录					
		根	茎	叶	花	果实	其他

（三）整理记录，准备写作

1. 根据观察记录表，整理观察笔记，引导学生关注天气情况对植物生长的影响。

2. 根据观察总结所观察植物的根、茎、叶、花等各方面特征。

3. 描写植物的时候注意观察的顺序。例如，先整体再局部、先局部后整体、从上到下等。

4. 复习日记的格式和要求。

（1）先在第一行中间写上某月某日、星期几以及天气情况。

（2）第二行空两格开始写正文，写日记时还要对材料进行合理的安排，如果具体地描写几件事或一件事，就应该分段写，做到层次清楚，段落分明，条理清晰。

（四）学生习作，教师指导

1. 学生当堂作文，教师巡视指导。

2. 指导学生按照事物的几个方面有条理地写清楚事物，分段叙述。

（五）小组交流，指导修改

认识并运用四种修改符号（增、删、换、调）修改习作。

板书设计：

观察日记

明确观察规则

制订观察计划

归纳植物特点

第四单元：写一样事物（动物）

要求：

介绍自己喜欢的一种动物，运用本单元所学的习作方法具体地写出动物的特点，表达自己的真情实感。习作完成后，与同学进行分享交流，互相提出修改意见，然后修改自己的习作。

目标解读：

1. 本单元课文的主题是描写动物，作者通过具体事例表现自己与动物之间的真情实感，所以本单元的习作也要引导学生向课文学习，通过具体事例表达自己与动物之间的真情实感。

2. 在语言运用方面，四年级习作要求学生能主动运用平时积累的语言材料，特别是有新鲜感的词句。其中，第四单元课文，作者运用对比、反语、拟人、比喻等手法描写动物特点，在习作中也要引导学生学会运用各种写作方法，争取将事物的特点写得生动形象。

3. 本单元的课文作者都介绍了动物的几个方面的特点，在习作教学中也要引导学生将动物的几个方面特点有条理地表达出来，并且做到分段叙述。

《写一样事物（动物）》教学设计

教学目标：

1. 认真观察，将动物的特点有条理地表达出来，注意分段叙述。

2. 能讲述发生在小动物身上的故事，或自己与动物之间的故事，表达自己的真情实感。

3. 能主动运用平时积累的语言材料，特别是有新鲜感的词句。

教学重难点：

1. 能按照所写动物的几个方面有条理地表达，分段叙述。

2. 能讲述发生在小动物身上的故事，或自己与动物之间的故事，表达自己的真情实感。

教学准备：

1. 布置学生课前先观察自己喜欢的一种小动物，了解小动物的外貌特点和生活习性，完成以下表格。

我最喜欢的动物是：＿＿＿＿＿＿＿＿＿				
外貌特点			生活习性	
整体观察	体型大小		叫声	
	皮毛颜色			
局部观察	头		吃相（吃什么，怎么吃）	
	脸			
	眼		睡相（睡觉的样子）	
	耳			
	鼻		行飞（行走或飞行的样子）	
	嘴			
	牙		玩相（嬉戏玩耍的样子）	
	尾			
	四肢			

2. 收集发生在小动物身上的故事，或自己与小动物之间的故事，简单叙述出来。

＿＿＿＿＿＿＿＿＿＿＿＿＿＿＿＿＿＿＿＿＿＿＿＿＿＿＿＿＿＿＿＿

＿＿＿＿＿＿＿＿＿＿＿＿＿＿＿＿＿＿＿＿＿＿＿＿＿＿＿＿＿＿＿＿

3. 打印自己喜欢的小动物的图片。

教学过程：

（一）创设情境，激趣导入

同学们，今天老师想跟大家玩个猜一猜的游戏。老师给大家带来了一群可爱的动物朋友，你们根据老师的描述，猜一猜它们分别是什么动物。（PPT出示相关描述，学生猜）

1. 耳朵像蒲扇，身子像小山，鼻子长又长，帮人把活干。（大象）

2. 八只脚，抬面鼓，两把剪刀鼓前舞，生来横行又霸道，嘴里常把泡沫吐。（螃蟹）

3. 身披花棉袄，唱歌呱呱叫，田里捉害虫，丰收立功劳。（青蛙）

4. 嘴像小铲子，脚像小扇子，走路左右摆，不是摆架子。（鸭子）

5. 身穿梅花袍，头上顶双角，窜山又越岭，全身都是宝。（鹿）

教师小结：为什么大家那么快就能猜出是什么小动物呢？学生回答，教师根据学生回答小结，因为动物的特点描述得鲜明突出，而同学们熟悉这些小动物的特点，所以大家很容易就猜到了。看，抓住特点多么重要呀！今天我们就来写一写我们喜欢的一种小动物，看看怎样将动物的特点描写清楚。

（二）小组分享，表达交流

1. 教师利用PPT展示各种小动物的图片，再次拉近学生与小动物之间的距离，让学生拿出自己事先打印好的动物图片，和同学说说自己喜欢的动物的外形特点以及自己对这种小动物生活习性方面的了解。

2. 小组内交流，完成以下问题：

（1）你最喜欢的小动物是什么？

（2）说说发生在它身上的故事或者你和小动物之间的故事。

（3）你喜欢它的理由是什么？请同学们把事先填写好的观察清单拿出来在小组内交流，并做好记录。

3. 学生小组内交流，教师巡视指导。

（三）全班交流，指导写法

1. 小组内推荐优秀代表在全班进行分享，教师根据学生的分享表达，结合课前填写的观察表，指导学生如何进行观察，怎样抓住小动物的特点，如何按照事物的几个方面将小动物介绍清楚。

2. 学习观察的方法。

要想把自己喜欢的小动物介绍清楚生动，首先离不开认真的观察。观察的顺序往往就是写作的顺序。例如，观察顺序先整体观察，再局部观察。在进行局部观察的时候，还可以按照从上到下的顺序进行观察等。

3. 抓住小动物的特点。

抓住小动物的特点，除了介绍小动物的外形特点外，还可以介绍小动物的生活习性。例如，它的叫声、吃食、活动等。

4. 分几个方面介绍小动物。

描写的时候从外形特点和生活习性两个方面进行，把最生动具体、最有用的材料写进文章里。

5. 说说发生在小动物身上的故事或者你和小动物之间的故事。

6. 运用本单元所学习的写作方法。

《白鹅》一文的结构特点：总—分，总写白鹅的高傲，分别从叫声、步态、吃相三个方面叙述它的高傲，条理清晰。

写作方法：拟人，如鹅的叫声，音调严肃郑重，似厉声呵斥。因为附近的狗都知道我们这位鹅老爷的脾气，每逢它吃饭的时候，狗就躲在篱笆窥伺等。对比，如鹅的步态，更是傲慢了。大体上与鸭相似，但鸭的步调急速，有局促不安之相；鹅的步调从容，大模大样的，颇像京剧里的净角出场。

《白公鹅》一文从白公鹅走路的姿态和平时的活动两个方面描写，写鹅的走路姿态，突出了"慢条斯理"的特点；写鹅的活动，突出"无忧无虑、自由自在"的特点。写作方法：拟人、比喻、夸张等。

《猫》一文的结构特点是：总—分，从三个方面表现猫的性格古怪：一是它既老实又贪玩，既贪玩又尽职；二是它高兴和不高兴时截然不同的表现；三是它什么都怕，但又那么勇猛。写作方法：用具体的事例表现动物的特点。

《母鸡》叙述特点时用总—分段式，先总写自己讨厌母鸡，再从无病呻吟、欺软怕硬、拼命炫耀三个方面分别叙述。

7. 小结写作方法。

行文结构：总—分或分—总。

修辞手法：比喻、拟人、对比等。

（四）明确要求，厘清思路

1. 习作要求：观察自己喜欢的一种小动物，抓住它的主要特点，按照几个方面有条理地介绍清楚这种小动物。习作时尝试运用有新鲜感的语句（比喻、拟人等修辞的使用）。

2. 习作思路：

开头：点明所写的小动物，概括小动物的特点。

中间部分：先写小动物的外形特点（按照先整体再局部，先局部再整体顺序），再介绍小动物的生活习性（叫声、吃相、睡相、玩相等），最后叙述自己与小动物之间发生的故事。（其中小动物的外形特点和生活习性可以简单描写，重点叙述自己与动物之间的故事，注意分段叙述）

结尾：表达自己的真情实感。

（五）学生习作，教师指导

1. 学生当堂作文，教师巡视指导。

2. 教师巡视指导，展示不同层次水平的习作，指导学生借鉴学习，并修改文章的不足。

（六）小组交流，指导修改

小组成员内分享交流习作，认识并运用四种修改符号（增、删、换、调）修改习作。

板书设计：

我喜欢的小动物

观察的顺序：先整体再局部

先局部再整体

从上到下

动物特点：外貌特点

生活习性

写作方法：总—分、分—总

修辞手法：比喻、拟人、对比、夸张等

四年级下册（人教版）

没有独立的状物作文。

五年级上册（人教版）

第三单元：说明文——介绍一个物品（如蔬菜、水果、玩具、文具或电器等）

要求：

第三单元课文都是说明文，结合本单元学习的主题，本次习作也是练习写说明性文章。同学们可选择一种物品，运用本单元所学习的说明方法进行介绍。

目标对比：

1. 习作素材的收集与积累能力也是习作训练的重点，三、四年级习作要求教会学生收集资料的方法，五年级习作要求继续拓展积累素材的途径，如观察、记录、参观、访问、阅读等，以积累丰富的素材。

2. 与四年级状物习作相比，此次习作同样要求多角度、按顺序写出物品的特点。但是有一个新的目标，那就是运用说明方法具体描述一件物品。这与第三单元的主题内容学习息息相关，这一单元都在学习说明文，作者运用各种说明方法客观、准确、科学地描写物品的特点。因此，运用各种说明方法也成了本次习作的训练重点。

3. 在习作修改方面，四年级开始要求学生愿意与他人分享习作的快乐，而到了五年级，不但要乐于分享习作的快乐，还要求学生主动与同学交换修改，做到语句通顺，行款整齐，书写规范、整洁。

4. 字数方面从四年级的不少于300字提升到不少于400字。

《说明文——介绍一个物品》教学设计

教学目标：

1. 引导学生拓展积累素材的途径（如观察、记录、参观、访问、阅读等），积累丰富的素材。

2. 练习从多角度、按顺序、运用说明方法具体描述一件物品，写出物品的特点。

3. 主动与同学交流，修改作文。

教学重难点：

能运用本单元所学的说明方法有顺序、多方面、具体描述一件物品，写出物品的特点。

教学准备：

每人提前准备一件喜欢的物品，并通过观察、访问、查找资料、阅读说明书等形式了解所写物品的特点。

教学过程：

（一）复习导入，激发兴趣

这个单元，我们认识了鲸、松鼠、新型玻璃、灰尘，了解了它们的特点。在我们的生活中，还有很多美好的物品，有各种各样的水果、蔬菜；实用美观的文具、玩具；精致漂亮的工艺品……你们最喜欢哪一种物品呢？请你们拿出来展示一下，并想想怎么向同学们介绍你喜欢的物品。

（二）明确要求，掌握方法

1.明确习作的要求，确定介绍的对象。

（1）介绍一种物品，可以是蔬菜、水果、玩具、文具、电器、工艺品等。

（2）抓住所介绍的物品的特点，按一定顺序来写。

（3）运用本单元所学习的说明方法，如举例子、列数字、打比方、作比较等，语言表达要准确科学。

2.掌握观察的方法和顺序，抓住物品的特点。

观察不同物品，所抓的特点不一样。

（1）介绍水果、蔬菜，重点介绍其形状、颜色、味道、产地、营养价值等。

（2）介绍玩具、文具、电器等，重点介绍其形状、颜色、构造、用途及使用注意事项等。

（3）介绍工艺品等，重点介绍其形状、颜色、质地、构造、用途等。

3.回顾本单元课文，总结所学说明方法。

（1）《鲸》所用的说明方法。列数字，通过具体的数字准确地说明鲸的体重、身长、幼鲸的生长之快和鲸的寿命；作比较，突出鲸的形体之大；举例子，说明鲸的食量大、捕食凶猛；打比方，说明鲸喷出的水柱是什么样子的。

（2）《松鼠》所用的说明方法。打比方，介绍松鼠的尾巴；作比较，介绍松鼠的叫声；列数字，介绍松鼠胎生的个数。

（3）《新型玻璃》所用的说明方法。列数字、举例子，说明吃音玻璃的独特作用；打比方，说明变色玻璃的特点及作用。

（4）《假如没有灰尘》所用的说明方法。列数字，介绍了灰尘的大小；作比较，突出了灰尘非常细小的特点；作假设，突出了灰尘的重要作用。

（5）小结各种说明方法的作用。

列数字：使说明对象准确具体。

举例子：使说明对象具体准确。

打比方：使说明对象生动形象。

作比较：使说明对象清晰突出。

分类别：使说明对象条理清晰。

下定义：使说明对象简明准确。

引资料：使说明对象科学可信。

画图表：使说明对象直观简明。

（三）小组交流，全班分享

1. 四人小组内交流自己喜欢的物品，练习运用所学的说明方法进行介绍。

2. 介绍物品的时候注意按照一定的顺序，把物品几个方面的特点说明白。

3. 各小组推荐说得好的同学在班里分享，师生根据同学的介绍总结介绍物品的方法和顺序，为写作做准备。

（四）教师指导，学生作文

1. 教师指导学生先写什么，再写什么，最后写什么。例如，介绍水果，可以先写水果的形状、颜色、味道，再写水果的产地、产量、价格，最后写水果的营养价值等。

2. 指导学生在习作中选用恰当的说明方法。

3. 学生当堂习作，教师巡视，指导习作有困难的同学。

（五）集体评议，修改习作

展示不同层次水平的习作，学生总结其中的优缺点，师生提出修改建议，不断完善习作。

板书设计：

说明文写作

——介绍一种物品

介绍对象：蔬菜、水果、文具、玩具、电器、工艺品等。

介绍内容：

（1）蔬菜、水果：形状、颜色、味道、种类、产地、产量、营养价值等。

（2）文具、玩具、电器：形状、质地、构造、用途、使用过程中应注意的问题等。

说明方法：列数字、举例子、打比方、作比较、分类别、作假设等。

五年级下册（人教版）

没有独立的状物作文。

六年级上册（人教版）

第一单元：写物

要求：

本单元习作有三个话题，其中两个话题涉及描写事物。

话题一：将自己想象成大自然中的一员，描写自己在大自然中是如何生活或变化的，自己眼中的世界是什么样的，并融入自己的感受。

话题二：认真倾听大自然的声音，选取生活中你喜欢的音响或仔细听一段音响的录音，写下自己的想法和感受。

目标对比：

1. 六年级状物习作与以往状物习作相比，最大的变化就是：不但要按顺序有条理地写清楚事物的特点，更重要的是要表达由事物所引起的联想和想象，把看到的、听到的与内心的想象结合起来，表达自己的感受。这一变化已经由写实过渡到写虚，最后达到虚实结合。六年级状物习作更强调的是学生独特的情感体验。

2. 以往的状物习作要求将事物几个方面的特点按顺序、有条理地写清楚，到了六年级对习作的内容安排也提出了新的要求：根据事物的特点来确定哪些特点详写，哪些特点略写，从而做到详略得当。

3. 在语言的运用方面与四、五年级要求一样，主动运用平时积累的语言材料，特别是有新鲜感的词句。

4. 字数的要求与五年级一样，也是不少于400字。

《写物》教学设计

教学目标：

1. 引导学生调动五官，细心观察、感受大自然。

2. 习作要写清楚事物的特点，尝试运用想象和联想来表达自己的感受。

3. 学生习作时能主动运用平时积累的语言材料，特别是有新鲜感的词句。

教学重难点：

写清楚事物的特点，尝试运用想象和联想来表达自己的感受。

教学准备：

1. 课前布置学生进行观察，可以是动物、植物，也可以是一种自然现象，要求学生观察时能用心感受，对观察对象要人格化地思考，通过联想和想象表达自己的感受。

2. 观察倾听大自然中的声音，思考：你听到了哪些声音？听到这些声音，你想到了什么？发挥想象表达自己的感受。

教学过程：

（一）复习课文，导入新课

同学们，这个单元我们学习了《山中访友》《山雨》《草虫的村落》和《索溪峪的"野"》四篇课文，我们在作者的笔下，领略了大自然的风姿，倾听了大自然的声音，感受了大自然的美好与神奇。今天，我们一起也来说说自己对大自然的独特感受。

（二）明确要求，选择话题

学生自读习作要求，选择进行习作的话题。根据要求，准备习作素材。（这里以写物的话题1、2为例）

1. 把自己想象成大自然中的一员，写下自己的想法和感受。

2. 倾听大自然的声音，选择自己喜欢的声音，写下自己的想法和感受。

（三）融入自然，尽情想象

1. 发散思维，明确想象的内容与方向。

（1）如果你把自己想象成一种小动物，可以把自己当作一个小动物，写自己的样子、生活的状态或自己的一个故事。

（2）如果你把自己想象成一种植物，可以把所要介绍的植物当作人来写，用植物的口吻来介绍自己在大自然中的生长过程、生活经历等。

（3）如果你把自己想象成某一物品，可以根据物品的特点，展开拟人化的联想和想象，也可以运用第一人称口吻叙述自己的生活和感情的变化。

（4）如果你把自己想象成某自然景物，可以具体描述某一自然景物眼中的世界。例如，你可以把自己想象成小水珠、白云、风、雾、露珠等，可从它的形态、颜色、变化过程等方面来展开联想和想象。

（5）如果描写的是大自然中的声音，可以写听到这些声音，你想到了什么。

2. 尽情想象，将抽象的想象具体化。

鼓励学生大胆想象，但是想象的内容要合理，并且想象的内容要具体，如果能根据事物的特点进行想象，构思一个故事，通过这一故事来寄予某一道理或抒发某一思想感情，这样习作内容会更具体，文章的思想境界则更高。

3. 小组交流，拓宽习作的思路。

（四）学习写法，指导构思

1. 回顾本单元所学的写作方法，运用到自己的习作中去。

文章结构特点：总—分—总（《索溪峪的"野"》）。

写作方法：比喻、拟人、排比、想象（本单元重点训练的写作方法）。

2. 思路导引。

开头：可直接点题，点明你把自己想象成了什么事物。

中间：具体描述你所想象的物的眼中的世界。以物的眼光看世界，把自己想象成该物来描述生活体验。在具体写作的时候，可用拟人化的手法，写出生动的故事情节，写出有趣的生活细节，可以写它们的对话、行动、活动等。

结尾：应注意呼应开头，抒发感情。

（五）试写初稿，指导修改

1. 学生进行习作，教师巡回指导，并对有困难的学生进行个别指导。

2. 学生完成初稿，进行自我修改。

3. 组内互读互改。

板书设计：

1. 写作内容：

（1）大自然中的一员

（2）大自然中的声音

2. 写作方法：想象或联想

第八单元：介绍一件艺术品

要求：

写一写自己喜欢的一件艺术品或一次艺术欣赏活动。

目标解读：

1. 结合本单元学习的主题艺术的百花园，本次习作的内容也安排介绍一种艺术形式或艺术品。要求学生能够按照一定的顺序，有条理地介绍艺术品的特点及与其的故事。

2. 本次习作与第一单元的习作一样，同样强调作者自己的独特体验，要求把看到的、听到的与内心的想象结合起来，表达自己的真情实感。

《介绍一件艺术品》教学设计

教学目标：

1. 指导学生按照一定顺序有条理地介绍一种艺术形式或艺术品。

2. 运用本单元所学的联想和想象的写作方法，把自己看到的、听到的与内心的想象结合起来，在习作中表达自己的真情实感。

教学重难点：

运用本单元所学的联想和想象的写作方法，把自己看到的、听到的与内心的想象结合起来，表达自己的真情实感。

教学准备：

布置学生选择自己喜欢的一件艺术品进行观察，了解相关信息。

教学过程：

（一）谈话导入，确定对象

导入：同学们，在口语交际课上，大家畅所欲言，分享了自己喜欢的一件艺术品，艺术品的形式丰富多彩。我们熟悉的艺术品有绘画作品、书法作品、摄影作品、陶瓷工艺品等。那么，我们如何向别人介绍一件艺术品呢？今天我们就通过习作向读者介绍一件艺术品。

PPT展示各种艺术品，指导学生认真观察。

学生确定习作的对象。

（二）指导观察，抓住特点

1. 确定观察的顺序

观察要按一定的顺序进行，一般观察的顺序就是写作的顺序，有的是先上后下，或先下后上；有的是从前到后，或从后到前；有的是先整体后部分，或先部分后整体；有的是先里后外，或先外后里；有的是先主要再次要，或先次要再主要……选择什么样的顺序要根据工艺品的结构特点来确定。

以《蒙娜丽莎之约》一课为例，作者先整体介绍名画的概貌、尺寸、颜色等，再局部介绍蒙娜丽莎的面部表情、神秘微笑、身姿、交叠的双手、空旷的背景；局部介绍的时候又遵循从上到下的顺序。

2. 抓住物品的特点

要仔细观察工艺品的形状、大小、颜色、用途、质地等。通过比较找出所要描述的物品不同于其他物品的特点。例如，《蒙娜丽莎之约》一文就重点介绍了蒙娜丽莎的面部表情、神秘微笑、身姿、交叠的双手、空旷的背景，来突出蒙娜丽莎的神秘。

（三）指导写法，准备习作

1. 抓住工艺品的主要特征进行描写。

2. 按一定的顺序进行描写，写作的顺序由工艺品的特点决定。

3. 要展开丰富的联想，把看到的、听到的与内心的想象结合起来，表达自己的感受，把静物写活，使它具有生机与活力。

4. 写作时融入"我"和工艺品之间的故事，表达出"我"对它的喜爱之情。例如，工艺品对自己的意义和影响等。

5. 写作时，要合理安排结构，注意段落的层次，给人以清晰的印象。

开头：直接引出所选的物品，介绍所写物件的名字及来历。

中间：先有顺序、有条理地介绍物品的特点，如形状、大小、颜色等；接着介绍它的用途或玩法以及给"我"带来的乐趣；最后可以融入"我"和工艺品之间的故事，表达自己的真情实感。

结尾：把看到的、听到的与内心的想象结合起来，表达自己的感受。

（四）试写初稿，指导修改

1. 学生进行习作，教师巡视指导，并对有困难的学生进行个别指导。

2. 学生完成初稿，进行自我修改。

3. 组内互读互改。

板书设计：

状物习作——物品的写法

写作对象：一件艺术品

观察顺序：先整体后局部、从上到下、由外到内等

物品特点：形状、大小、颜色、质地、用途等

六年级下册（人教版）

第一单元：介绍有所感触的事物

要求：

本单元习作要求选择让自己有所感触的事物，写清楚事物的特点及从中获得的人生感悟。

目标解读：

1. 本单元课文的主题是：生活的启示，作者由生活中的一事一物获得感悟与启示，如《桃花心木》，作者由桃花心木的生长联想到人的成长，获得人要学会独立生存的启示。本次习作要求选择自己有所感触的事物，写清楚事物的特点及从中获得的感悟和启示。

2. 在习作中运用本单元所学的写作方法，如联想、想象、比喻、拟人等，能主动用平实积累的语言，特别是有新鲜感的词句。

说明：由于这单元的习作内容是三选一，介绍让自己有所感触的事物与六年级上册第一单元习作内容大同小异，所以这次不再提供教学设计。

第二单元：介绍民风民俗

要求：

通过实地调查或查找资料了解自己感兴趣的民风民俗，整理相关信息形成习作，向读者介绍民风民俗。

目标解读：

1. 习作时能重点介绍该民风民俗的特点，并表达自己的真情实感。例如，《藏戏》，围绕演出时间长、戴面具演出、没有舞台三个方面的特点进行介绍。

2. 指导学生根据所介绍民风民俗的特点来确定内容的详略。例如，《北京的春节》，详细介绍了除夕、正月初一、元宵节的习俗，其他内容略写。

3. 在习作中能运用本单元所学习的写作方法，主动运用平时积累的语言材料，特别是有新鲜感的词句。

《介绍民风民俗》教学设计

教学目标：

1. 按照一定的顺序有条理地介绍清楚民风民俗的特点。

2. 运用本单元所学习的描写民风民俗的写作方法，增强文章的表现力。

3. 根据所介绍的民风民俗的特点进行谋篇布局，注意内容的详略得当。

教学重难点：

1. 按照一定的顺序有条理地介绍清楚民风民俗的特点。

2. 运用本单元所学习的描写民风民俗的写作方法，表达自己的真情实感。

教学准备：

1. 课前布置学生实地调查家乡的民风民俗，做好相关信息的收集与记录。

2. 上网查找资料了解自己感兴趣的民风民俗的相关资料，为习作做好准备。

教学过程：

（一）回顾导入，感受风俗

导入：俗话说"百里不同风，千里不同俗"，丰富多彩的民风民俗组成了我们多姿多彩的民族文化。通过本单元的学习，同学们回顾一下我们从《北京的春节》《藏戏》《各具特色的民居》和《和田的维吾尔人》四篇文章中，了解到哪些民风民俗。

（二）小组交流，拓宽思路

1. 小组成员轮流畅所欲言，说说自己了解到的民风民俗。

要求：

（1）将了解到的民风民俗的特点讲清楚、讲完整。

（2）说说自己的想法和感受。

2. 明确民风民俗的具体内容，帮助学生确定习作对象。

民风民俗可以是节日习俗，富有地方特色的饮食、服饰、民居、戏曲等，也可以是富有特色的民间工艺品，还可以是当地的风土人情等。

（三）学习写法，指导习作

1. 抓住所介绍的民风民俗的主要特点分几个方面进行描写。

例如，《藏戏》主要围绕"演出时间长、戴面具演出、演出没有舞台"三

137

个特点进行描写，《和田的维吾尔人》主要介绍了维吾尔人"豪气乐观、热爱土地、爱美"三个特点。

2. 根据民风民俗的特点合理安排内容，注意详略得当。主要内容详写，次要内容略写。

例如，《北京的春节》详细介绍除夕、正月初一、元宵节的习俗，其他内容略写，文章内容详略得当，重点突出。

3. 展开丰富的联想和想象，表达自己内心的想法和感受。

例如，《藏戏》《和田的维吾尔人》，作者都在文章中融入了自己美好的想象，增强了文章的感染力和表现力。

4. 习作思路点拨：

（1）你要介绍的民风民俗是什么？

（2）它的主要特点是什么？你准备从几个方面展开描写？

（3）哪一部分内容将作为重点进行详细的介绍？

（4）表达自己内心的想法和感受。

（四）学生习作，教师巡视

学生进行习作，教师巡视指导，并对有困难的学生进行个别指导。

（五）习作分享，指导修改

1. 展示不同层次水平的习作，指导学生借鉴学习其中的优点。

2. 自己修改自己的习作。

3. 同学之间互改习作。

板书设计：

介绍民风民俗

介绍的对象：节日习俗、服饰、饮食、民居、工艺品等

写作的方法：抓特点、详略得当、展开联想和想象等

三、状物习作小结

小学阶段出现的9次状物习作，其中明确要求写动物的习作只有1次（四年级上册第四单元），要求写物品的习作有4次（三年级上册第五单元、五年级上册第三单元、六年级上册第八单元、六年级下册第二单元），剩下的4次习作可以在动物、植物、物品三种中自由选择。综观第二、第三学段状物习作的内

容与要求，我们发现三年级的状物习作要求写清楚动物、植物或物品的特点；而到了四年级，对学生的要求有所提高，不仅要求学生将所描写的物的特点写清楚，还要求通过叙述物本身的故事、物与自己的故事、物与他人的故事等来表达自己对物的真情实感；到了六年级，对学生的要求更高，在写清楚物的特点、叙述与物有关的故事外，还要求学生能运用想象或联想及各种说明方法等表达自己的真情实感。不同年级的习作内容与要求也恰好体现了状物习作一般的写作思路：本物+故事+情感。

小学中高年段想象作文目标序列解说和教学设计

陈　玲

一、想象习作序列总体解说

想象作文，是同"纪实作文"相对而言的，通常是指学生运用想象写出的文章，它是由想象出来的一系列相互联系的画面构成的整体，运用想象等手法来进行表达。进行想象作文，不仅可以培养学生的表达能力，还具有发展想象能力和创造能力的独特优势。

"想象作文"一词明确出现在我国教育部于2011年颁发的《义务教育语文课程标准》中，新课标中对想象作文的要求呈现出学段特点。第一学段"写自己想说的话，写想象中的事物"，第二学段中有"观察周围的世界，能不拘形式地写下自己的见闻、感受和想象"的目标，第三学段要求"能写简单的纪实作文和想象作文"。从中发现"想象"一词贯穿始终，想象作文的要求从"写话"到"不拘形式"，再到"简单的"，在各个学段中呈现梯度上升。[①]

在小学第二、第三学段，教材中总共出现了17次想象习作的要求，另外，还有3次是自由表达，鉴于四年级下册的单元主题是童话寓言故事，所以这单元的自由作文定为编童话寓言，其他2次不做要求，内容不限。关于想象作文在各年级的分布情况，其中三年级共有5次，四年级共有5次，五年级共有3次，六年级共有4次。从下面表格中可以看出，教材中出现的想象作文类型较为多样，有编写童话的，有看图作文的，有续编故事的，也有幻想未来的等各种题材。根据前人已有的

[①] 陈思，李清燕.小学中段想象作文现状探析［J］.未来英才，2016（13）.

研究[1]，小学阶段的想象作文按照写作内容和表达方式可以分成三类：①以提供的图片、照片、漫画或其他情境展开想象，编写故事的情境类想象作文（包括7次看图作文和"二十年后回故乡"、续编故事《争吵》）；②以童真的想象、虚构故事的童话寓言类想象作文（包括三到四年级的编写童话寓言故事）；③以科学的想象、说明式的表达为主的科学类想象作文（包括"将来的一样物品"和"未来的奇思妙想"）。

年级	想象作文类型
三年级上册（部编版）	1. 编童话故事（第三单元） 2. 看图续写故事（第四单元）
三年级下册（部编版）	1. 看图作文《放风筝》（第二单元） 2. 奇妙的想象（第五单元） 3. 这样想象真有趣（第八单元）
四年级上册	1. 编童话故事（第三单元） 2. 看图作文《胜似亲人》（第六单元） 3. 未来的奇思妙想（第八单元）
四年级下册	1. 看图作文《轰炸后的车站》（第四单元） 2. 自由作文，编寓言或童话（第八单元）
五年级上册	1. 二十年后回故乡（第二单元） 2. 看图作文《离文明只差一步》写生活中的启示（第四单元）
五年级下册	1. 看图作文《小足球赛》（第二单元） 2. 自由作文，内容不限（第八单元）
六年级上册	1. 想象自己是大自然的一员（第一单元） 2. 根据漫画编故事《珍惜资源爱护环境》和写建议书（第四单元） 3. 续编故事《争吵》（第五单元） 4. 看图作文《过马路的鸭子》（第七单元）
六年级下册	无

通过对比教材中的17次想象习作，我们发现小学阶段的想象习作都有一个共同的要求：编写一个完整的故事，能有丰富且合理的想象。其中，第二学段的目标：①编写一个完整故事，写清楚故事的起因、经过和结果并能合

---

[1] 陈思.小学想象作文教学的实践和研究［D］.金华：浙江师范大学，2017.

理分段；②能合理想象故事中的角色和事件；③能主动运用平时积累的有新鲜感的词句，使故事具体、有趣。第三学段目标：①有目的地编写一个故事，能写清楚故事的起因、经过和结果，故事结构完整，并能合理分段；②合理想象故事中的人物和事件，使故事具体、有趣、吸引人；③能主动运用平时积累的语言材料，特别是有新鲜感的词句。[①]在习作的总目标要求下，每次习作的具体要求不仅在每一学段中呈螺旋式上升，而且在每一册教材中也呈现内部的螺旋式上升状态，同类型想象作文的要求随着年级升高而逐步上升，呈现序列化。

例如，三、四年级都有编写童话故事，三年级上册（部编版）的第一次编写童话，根据教材提示的内容（角色、时间、地点），发挥想象，编写简短的童话，要求句子通顺。三年级下册（部编版）的《奇妙的想象》，通过两篇例文《一支铅笔的梦想》和《尾巴它有一只猫》引导学生打开思路，颠覆惯常思维，鼓励大胆想象，创编情节有趣的故事。三年级下册还有一个单元习作《这样想象真有趣》，同样是对想象思维的巩固与提高，根据提示的情境，如"如果母鸡能在天空飞翔，如果蚂蚁的个头比树还大，如果蜗牛健步如飞"等，突破惯常思维，要求大胆从动物特征相反的方向想象，努力把夸张、奇特的故事情节写清楚，表现出想象的"有趣"。到了四年级的童话编写，由原有的单一角色变成多个角色，任选几种动物或几件物品作为主人公，学会画情节图，写清楚故事的起因、经过和结果，并能合理分段，编写一个完整的故事。

又如，看图作文，在小学习作单元出现多次，可见其重要性。三年级上册（部编版）《放风筝》要求能按一定的顺序观察图画，展开想象，能把自己看到的、想到的写清楚。四年级上册《胜似亲人》想象发生在图中人物之间的故事，按照一定的顺序（事情的起因、经过和结果），把事情的经过一步一步写清楚，分段表述。要求内容具体，语句通顺。本次习作开始将想象与记事结合起来。四年级下册《轰炸后的车站》是继前两篇看图作文之后，同样要求能按照一定的顺序，展开想象描写图中的情景。要求写清楚起因、经过和结果并合理分段，合理想象一个完整的故事，并能用上平时积累的有关战争的词句。后面的五年级上册漫画习作《离文明只差一步》和六年级上册《珍惜资源爱护环

---

① 吴忠豪.小学语文教学内容指要——写话·习作［M］.北京：高等教育出版社，2015.

境》，通过观察几幅漫画内容，联系生活实际，得出启示，要求想象合理，感情真挚。

低中学段鼓励学生天马行空大胆现象，到了高年段更倾向于想象的合理性，且更关注写作的想象角度和表达情感的方法。例如，四年级上册《未来的奇思妙想》想象未来的衣服、食品、住宅、交通等。注重以科学的想象、说明式的表达为主的科学类想象作文。要求想象丰富合理，超出现实但又不荒谬。五年级上册《二十年后回故乡》学用课文中作者表达感情的方法（借景抒情、叙事抒情、借物喻人），以"二十年后回故乡"为内容，写家乡发生了变化以及回忆。要求在以往表达真情实感的基础上，明确培养学生热爱家乡的感情。另外，到了高年级，想象作文不再是单一地只运用想象和联想手法，开始与写人记事等手法结合运用到篇章中，对习作的要求逐步提高。如六年级上册根据情境续编故事《争吵》，旨在突出人物的描写。

此外，每学年的想象习作在习作修改、文章字数的要求上也在逐步提高。在习作修改方面，三、四年级想象习作能尝试运用改正、增补、删除的修改符号自主修改习作，初步形成修改习作的意识。能与同学分享习作，并能根据同学的意见修改习作。五、六年级则要求从谋篇布局上对习作进行整体修改，展开合理想象。

二、各年级想象习作具体要求和目标

三年级上册（新编版）

第三单元：我来编童话

要求：

编写童话故事。教材呈现"国王、黄昏、厨房"三组词语，分别表示角色、时间、地点，为学生提供故事角色、发生时间和地点的选择，打开编童话的思路，展开丰富的想象。

目标：

1. 这是学生的第一次童话习作，能借助教材提示的内容（角色、时间、地点），发挥想象，编写简短的童话。能给习作加题目。

2.要求句子通顺，题目居中。

3.愿意将自己的习作读给他人听，与他人分享习作的快乐。

4.在40分钟内完成，字数不少于100字。

第四单元：看图续写故事

要求：

看图发挥想象，续写故事，意在引导学生依据插图和泡泡提示的线索，结合自己的生活经验，对故事的发展做出合理、多元的推想，从而把故事写完。

目标：

1.能根据插图和泡泡提示的线索，想象接下来会发生什么事，把故事写完整。

2.能运用改正、增补、删除的修改符号修改有明显错误的内容。

3.乐于与同学分享交流习作，说说自己更喜欢谁写的故事。

《我来编童话故事》习作教学设计

教学目标：

1.能借助教材提示的内容（人物、时间、地点），发挥想象力，编写童话故事。

2.能合理假设小动物之间的联系，确定事件，想象故事情节。

3.按照故事情节图，把故事写清楚。自拟题目。

教学重难点：

1.重点：借助故事四要素，编写一个完整的故事。

2.难点：学会画情节图，能合理想象故事中的角色和事件。

教学过程：

（一）重温童话故事，激发习作兴趣

1.师：同学们，这个单元我们学习了几篇童话故事，你们喜欢这些童话吗？为什么？（指名说）

2.小结：①把动物、植物、物品当作人来写，展开丰富联想，情节生动有趣；②童话故事既生动有趣，又让我们懂得了许多道理。

3.今天这节课，让我们来当一回童话作家，编一编有趣的童话故事吧！

（二）讲述故事，初识故事结构

1. 板书故事题目《小松鼠买梦》，引导学生根据题目质疑，提出问题。

梳理问题如下：为什么买梦？怎样买梦？结果怎么样？

2. 师示范讲故事。

3. 指名回答问题，梳理故事情节，完成情节图。（师在问题对应处填写故事情节）

为什么买梦？（小松鼠没做过梦）起因。

怎样买梦？（向别人买梦：毛毛虫—小山羊—小黄鸭）经过。

结果怎么样？（自己也做了一个梦）结果。

4. 小结：一个完整的故事一般包括事情的起因、经过和结果等部分。

（三）选择故事主角，编写故事

1. 课件出示教材提供的三组词语，自主发现其排列上的特点。（点拨故事四要素：人物、时间、地点、事件）

2. 选择词语自由交叉，形成多样组合，如国王、星期天、森林超市。

3. 学生任选其中的两个角色，确定故事主角。打开思路思考：自己想写的故事中的角色有什么特点？这个故事为什么发生在这个时间？为什么发生在这个地点？他们会发生怎样的故事？同学们自由讨论说，每个人都不重复。

4. 想象故事，确定情节，编写故事情节图（起因、经过、结果）。以善良的国王为例：

起因：玫瑰花在小河边哭泣，因为她感到孤单。

经过：国王帮助玫瑰花，把她移到了自己热闹的王宫里。

结果：玫瑰花不再感到孤单，拥有国王及更多的朋友，非常开心。

5. 根据情节图，编写故事。

师：请同学们大胆想象故事的过程，想象故事中的人物会说些什么，做些什么。先口头尝试说，再书面编写故事。

6. 自拟题目，与习作内容有关联即可。师可提示给出示范题目：善良的国王。

（四）尝试修改习作，分享习作成果

1. 课件出示评改要求，学生自由写作。

（1）故事完整，想象合理。

（2）能根据故事的起因、经过和结果表述。

（3）语句通顺、明白，能运用平时积累的新鲜的好词好句。

2.指名分享习作，师生根据要求点评。

3.小组内交流分享自己编写的童话，组员说说最喜欢谁的习作，为什么喜欢。

4.自己修改习作，誊抄作文。

三年级下册（新编版）

第二单元：看图作文《放风筝》

要求：

写之前，先仔细观察图画，首先整体观察图画，大致了解图意，看看图画上有哪些人，他们在干什么；接着观察局部，看看每个人的动作各是怎样的，在观察的基础上展开想象，想一想他们可能会说些什么。还可以把图画的内容和自己熟悉的人或事联系起来，写写自己的感想。

目标对比：

1.看图作文在一、二年级练习比较多，本次看图作文要求能按一定的顺序观察图画，展开想象；能把自己看到的、想到的写清楚。

2.在观察图画的基础上展开想象，还可以联系自己熟悉的人或事，写出自己的感想。

3.能与同学分享习作，并能根据同学的意见修改习作。要求没有错别字。

4.字数要求从不少于100字提升到不少于150字。

第五单元：奇妙的想象

要求：

写一个想象故事。教材出示"最好玩的国王、小树的心思、滚来滚去的小土豆"等7个题目，要求选一个题目写一个想象故事，也可以写其他想象故事。要大胆想象，创造出属于自己的想象世界。

目标对比：

1.自选一个充满想象力的题目，能不拘形式地写下自己的想象，大胆想象，写一个想象故事。

2. 能借助习作例文《一支铅笔的梦想》和《尾巴它有一只猫》进一步打开思路与颠覆惯常思维展开想象，重在想象思维方面的引导。

3. 能欣赏同伴习作并提出修改建议。建议开辟专栏展示习作，扩大交流圈，让学生获得习作的成就感，进一步激发习作的热情。

第八单元：这样想象真有趣

要求：

自主选择教材中呈现的动物，也可以选择其他动物作为故事的主角，提示动物失去原有的主要特征或者变得与原来相反，想象它们的生活会发生什么样的变化或发生哪些奇异的事情。

目标对比：

1. 本次习作是在三年级上册原有基础上的巩固与提高，着重根据提示的情境，打开思路，突破惯常思维，大胆从动物特征相反的方向想象，努力把夸张、奇特的故事情节写清楚，表现出想象的"有趣"。

2. 选择一种动物作为主角，大胆想象它的特征变化带来的生活的变化，写出故事中角色的语言、动作、神态等，来表现想象的"有趣"和经历的"奇特"。

3. 能用学过的修改符号修改自己的习作。

《这样想象真有趣》习作教学设计

教学目标：

1. 选取一种动物为主角，大胆想象，编一个童话故事。

2. 引导学生想象小动物失去原来的主要特征，生活发生的变化，构思创作有趣的童话。

教学重难点：

1. 重点：想象小动物失去原来的主要特征，生活发生的变化或发生的奇异的事情。

2. 难点：想象小动物失去原来的主要特征，生活发生的变化或发生的奇异的事情，编一个奇异的故事。

教学过程：

第一课时

（一）激趣导入，了解特点

1. 喜欢小动物吗？今天老师带来了几个小动物，请同学们说说它们各自的特点。

2. 出示动物图片：母鸡、蚂蚁、老鹰、蜗牛。

归纳板书：

母鸡	下蛋	不会飞
蚂蚁	弱小	团结勤奋
老鹰	高飞	勇敢
蜗牛	爬得慢	

3. 你还知道哪些小动物的特点？

公鸡	打鸣
小猫	捉老鼠
……	……

（二）奇思妙想，大胆想象

1. 看到这些小动物，它们的特点或本性就会浮现在我们的脑海中。假如这些小动物失去了它们各自的本性或是变得和原来完全相反，这些小动物会是什么样呢？

2. 课件出示：

母鸡：展翅高飞

蚂蚁：个头赛树

老鹰：胆小如鼠

蜗牛：健步如飞

3. 那么，它们的生活会有什么变化？又会发生哪些奇异的事情呢？

4. 小组讨论。每个小组选取一个动物展开讨论。

5. 汇报交流，述说"奇异"。

（三）习作指导写"奇异"

1. 请从以上四个动物中任选一个，假如它失去了本性，会发生什么奇异的事？把你的奇思妙想写下来。（如果认为有一定的困难，也可以自己任选其他

的动物，如公鸡下蛋）

2. 交流汇报，指导写法。

（归纳板书：大胆合理想象）

3. 自我修改，突出"奇异"。

第二课时

（一）明确目标，丰满故事

上节课大家写了故事的"奇异"这一片段，这个奇异的情节发生在什么时间、什么地方、怎样的环境呢？请大家继续展开丰富大胆的想象，编成一个有趣的完整的故事。

（二）指导写法，学生习作

1. 突出故事的完整性。

（梳理归纳：时间、地点、环境、起因、经过、结果）

2. 把故事的经过写具体。

（梳理归纳：按一定的顺序，用上"先……再……然后……最后"）

3. 把故事的经过写生动。

梳理归纳，巧用修辞，如比喻、拟人、夸张。

（三）交流展示，教师评价

1. 指名朗读自己的习作，师生点评。

2. 围绕评价要点（内容具体、故事完整、情节奇异），小组内交流评价。

（四）再次修改，誊抄习作

针对别人提出的建议，修改自己的习作。

借鉴别人习作中的好词好句等优点运用到自己的习作当中。

板书设计：

这样想象真有趣

写完整

写具体

写生动

四年级上册（人教版）

第三单元：编童话

要求：

任选几种动物和几件物件，以它们为主人公进行编故事，想象它们之间可能会发生一些什么有趣的事。

目标对比：

1. 与三年级的想象习作比较，只选一种动物或事物主要写，本次想象习作要求可以选择几种动物或几件物品作为主人公，角色增多，注重情节的描写。

2. 写前借助画情节图，编写一个完整的故事，将故事的起因、经过和结果写清楚，并能合理分段。

3. 字数要求150到200字。

第六单元：看图作文《胜似亲人》

要求：

看图发挥想象，推想图中人物关系及人物之间会发生什么样的故事，要求内容具体，语句通顺。

目标对比：

1. 本次看图作文在三年级看图习作目标的基础上，增加想象与写事的结合。

2. 要求将事情的经过按照一定的顺序分解写清楚，分段表述。

3. 想象合理，联系实际写出自己的真实感受。

4. 写完之后学会用四种常用的修改符号修改习作，达到文从字顺。

第八单元：未来的奇思妙想

要求：

想象未来的衣服、食品、住宅、交通等会发生什么变化，写下自己的奇思妙想，或者编一个科幻故事，要求想象丰富、内容具体、语句通顺。

目标对比：

1. 本次想象习作与前面习作有所不同，注重引导学生以科学的想象、说明式的表达为主，属于科学类想象作文。

2. 介绍未来的事物要求从事物的几个方面，有顺序、有条理地进行，或者编写一个完整的科幻故事，将事情的起因、经过和结果写清楚。

3. 科学类想象作文不仅鼓励学生要大胆想象，还要求具有一定的合理性，超出现实但又不荒谬。

《未来的奇思妙想》习作教学设计

教学目标：

1. 激发兴趣，鼓励学生大胆想象，想象要有新意。

2. 让学生自由表达，表现自己认为新鲜、奇特、有趣的内容，做到内容具体，语句通顺。

3. 给自己的习作拟一个合适的题目。

4. 引导学生修改有明显错误的词句，愿意将自己的习作读给别人听，分享快乐。

教学重难点：

1. 重点：引导学生写出新鲜、奇特、有趣的内容。

2. 难点：想象要大胆、有新意，但也要基于一定的合理性。

教学准备：

1. 要求学生提前收集一些科技知识，了解一些科学发明的故事。

2. 回忆自己在口语交际课上与同学交流的奇思妙想。

教学过程：

（一）走进"上海世博园"——激趣导入，感受奇妙

1. 谈话导入。

2. 教师播放视频，学生观看"奇特的汽车"。

（二）走进"未来世博园"——自读讨论，明确要求

1. 3000年，世博会将在我们深圳举行，组委会对场馆的建设做了初步规划。让我们一起走进"未来世博园"。（播放课件，师作介绍）咦！这块草地留作建什么馆呢？组委会恳请同学们一起帮忙出出主意。谁来说说？

指名回答。（预设：服装馆、文具馆、图书馆、电脑馆、机器人馆……）

2. 出示"展品征集公告"。学生自读要求，同桌讨论。

3. 汇报习作要求：

（1）以说明式的表达为主。

（2）介绍未来的事物要求从事物的几个方面有顺序、有条理地进行。

（3）大胆想象的同时，还要具有一定的合理性，超出现实但又不荒谬。

（三）走进"未来畅想厅"——发挥想象，独立习作

1. 你想设计什么物品拿到世博园展出呢？让我们一起走进"未来畅想厅"，闭上眼睛想一想，你最想设计的是什么奇特的东西？

（预设：神奇的鞋子、奇特的门、全能的救生圈……）

2. 大家讨论，写这些奇思妙想，可以从哪些方面设计呢？

3. 学生讨论写作思路：可以从哪些方面写，体现"奇妙"。

4. 全班汇报，教师梳理、板书。

（预设：外形、材料、构造、功能、如何操作……）

5. 如何围绕一两个方面写好一个片段呢？根据片段——《奇特的汽车》，指导学生如何写好一个片段。

6. 学生独立写作，教师巡视指导，发现有代表性的习作。

（四）走进"未来展览馆"——展评修改，欣赏佳作

1. 展示学生试写的片段。

2. 围绕习作要求，指导学生点评。

3. 放手让学生评议，提出问题，指导提升。

4. 评议小结，指导修改方法。

5. 展品都设计好了，但能不能入选呢？（下发《展品入选证》）同桌交换介绍说明，根据要求填写。

6. 展示已入选的作品，全班欣赏。

7. 结束语："奇思妙想大赛虽然结束了，只要同学们不断努力，你们的奇思妙想有一天一定会成为现实。老师期待着你们的作品真正在'未来世博园'展出。"

板书设计：

新奇巧妙

奇思妙想：外形、材料、构造、功能、操作……

四年级下册（人教版）

第四单元：看图作文《轰炸后的车站》

要求：

观察"战火中的孩子"照片，结合书中给出的提示，想象当时的场景，写出自己的所看所想，要求内容具体、语句通顺，表达自己的真情实感。

目标对比：

1. 继前面的看图作文之后，同样要求仔细观察图中的情景，然后展开合理想象，编写一个完整的故事，写清楚故事的起因、经过和结果，并合理分段。

2. 能用上平时积累的有关战争和平的词句，引导学生写出痛恨战争、渴望和平的真实情感。

3. 字数要求200到250字。

第八单元：自由作文，编童话寓言故事

要求：

本单元要求自由作文，自由表达，不限内容和形式。

目标对比：

1. 本单元虽是自由作文，但单元主题主要围绕童话故事，故选为编童话故事，学会使用环境描写来推动童话情节的发展。

2. 运用四种修改符号（增、删、换、调）修改习作。

3. 尝试在习作中运用自己平时积累的语言材料，特别是与习作主题有关且有新鲜感的词句。

《轰炸后的车站》习作教学设计

教学目标：

1. 指导学生仔细观察图片，加强对人物神态、动作等细节的描绘，训练学生把事情说具体。

2. 启发学生合理想象，大胆构思，完整详细地叙述一个故事。

3. 通过看图说话，激发学生痛恨战争，同情战争中无辜者的情感，理解人们对和平的呼唤。

教学重难点:

1. 重点:指导学生仔细观察图片,发挥想象,大胆构思情节,详细叙述一个故事。

2. 难点:激发学生痛恨战争,同情战争中无辜者的情感,理解人们对和平的呼唤。

教学过程:

(一)速读速记,积累关于战争的名言

战争似乎就意味着血和铁。

战争的形象是流血、痛苦和死亡。

战争一开始,地狱便打开。

战争是死神的盛宴。

(二)情感铺垫,带入情境

1.通过朗读,体会战争前火车站的安宁,了解战争背景。

空旷的广场上,孩子们在自由地飞奔畅玩;人头攒动的售票厅,年轻人在有秩序地排队买票;在宽敞的候车厅,老人们在静静地等待着旅车的到来。

路边的小贩,仍旧在提篮叫卖;花坛的鲜花,依旧娇鲜地绽放着;路边的小草,依然顽强地绿着;枝头的小鸟,仍旧在尽情地欢唱着。

2.播放图片和短片,感受当时战争的概况。

学生畅谈自己的感受(战争的残酷、悲惨、可怜等)。

(三)写作点拨,聚焦环境

1.学生分享环境描写的片段,教师点拨,体会环境描写的作用。

(上课前,学生提前写一段环境描写,突出当时战争的惨烈)

课件出示:

地面、天桥、铁路、车站、天空……

(   )的地面(   )的天桥(   )的铁路

(   )的车站(   )的天空(   )的花草(   )的云彩

2.小结:原来环境描写为故事情节的开展提供了背景,同时起到渲染气氛及表达心情的作用。

(四)聚焦人物特写镜头

1.师:想象一下孩子此时的外貌是怎样的?有着怎样的动作?他此时可能

在说什么?

2. 课件出示,生填空想象说:

一个孤独的小男孩坐在废墟里,脸上_____,衣服_____,鞋子_____,手脚在_____(动作),他张着嘴在_____,好像在说:
"_____"

3. 小结:聚焦人物描写,关注人物的外貌、动作、语言,让人物形象立体起来,充满画面感。

4. 猜猜,现场除了小孩之外,还有谁?他们在干什么?我们还可能听到哪些声音?如炮弹、人们、小鸟……(略说略写)

(五)小组讨论,想象孩子的命运

1. 师:战争来临之前,这个男孩可能正在……(生自由举手说)

他本应该和其他小孩一样拥有幸福的童年,而现在的他,失去了亲人,失去了家园,失去了快乐……

2. 四人小组讨论:这个孩子将来的命运会如何呢?

推举小组代表说:失去亲人的保护,失去美好的童年,或者把自己与他相比较,突出自己生活在和平年代是多么幸福等。我联想到了……战争名言等。

3. 师:战争是不幸的,不管这个孩子将来的命运如何,战争给他带来的伤害是不可估量的。所以我们希望,我们企盼——(男女配合读)

战火中的孩子,有一张课桌,平稳的课桌,不被导弹的气浪掀翻!

战火中的孩子,有一间教室,洁白的教室,免遭炸弹的弹片击穿!

和我们一样在鲜花中读书,和我们一样享受春天!

为了母亲不再失去儿子,为了妻子不再失去丈夫,为了孩子不再失去父亲,全世界应该一致行动起来,维护和平,制止战争!

让那已经能够听到脚步声的21世纪,为战争敲响丧钟,让明天的世界真正成为充满阳光、鲜花和爱的人类的家园!

4. 表达感受。

师:与这些孩子比起来,说说自己的感受。

生:战争是不幸的,孩子也将是不幸的,尤其是战争给孩子造成的心理创伤将永远无法抹去。

（六）总结写法，深化主题

1. 总结写法，连段成文。

观察图片（环境、人物、其他）——联想命运——表达感受。

2. 自拟题目，深化主题。

可选择题目：战争中的孩子、废墟中的孩子、我和_____比童年……

（七）放飞想象，大胆创作

1. 师：有人称照片为凝固的历史，通过刚才的学习和讨论，相信大家都能够把自己看到的、想到的写出来，赋予这张旧照片一个完整的故事。内容具体，语句通顺，表达出自己的真实情感。

2. 学生自主写作，教师巡视，帮助有困难的学生。

3. 指名交流，师生互评。

（八）总结全课

不忘国耻，振兴中华。同学们要从小发奋读书，和全世界热爱和平的人一起为战争敲响丧钟，让和平之神永驻人间。

五年级上册（人教版）

第二单元：二十年后回故乡

要求：

以"二十年后回故乡"为内容，运用本单元中作者表达情感的方法，如借景抒情、叙事抒情、借物喻人等，写写家乡发生了哪些变化，写出自己的真情实感。

目标对比：

1. 本单元习作也是将想象和记事结合在一起，且注重想象的合理性，立足于实际展开想象。

2. 在表达方法方面，开始有具体的要求，学会运用本单元的表达情感的方法，将其运用到自己的习作当中。

3. 在情感方面，明确培养学生热爱家乡的真实情感。

4. 字数要求250到300字。

第四单元：看图作文《离文明只差一步》写生活中的启示

要求：

借助一件小事、一句格言或一幅漫画写出自己的思考，写写从生活中获得的哪些启示。

目标对比：

1. 本单元的看图作文主要是借助漫画内容，联系生活实际，引起思考，写写自己的看法和感想。

2. 在谋篇布局方面，重视段落之间的联系，要求内容具体，情感真实。

3. 从阅读书籍中积累有关名言警句，成为自己的习作素材并学会恰当运用。

4. 能够与同伴交换修改习作，并做出自己的分析和评价。

五年级下册（人教版）

第二单元：看图作文《小足球赛》

要求：

仔细观察图中有关小足球赛的一个场景，通过人物细节描写和场面描写，写出比赛的激烈，感受童年的有趣和快乐。

目标对比：

1. 仔细观察图片，想象小足球赛的激烈场面，着重场面描写，将观察到的以及想象到的，按照一定的顺序描写下来。

2. 运用平时积累的语言及学到的表达方式把事情写具体、写清楚，关注细节描写，写出童年的乐趣。

3. 在修改方面，注重从谋篇布局、写作方法等角度入手，做到文从字顺。

4. 字数基本要求300到350字，上不封顶。

看图作文《小足球赛》习作教学设计

教学目标：

1. 从图片入手，创设情境，激发学生表达的兴趣。

2. 培养学生细致的观察力和想象力，并在口语表述的基础上以文学的形式表达赛事经过。

3. 锻炼学生的细节描写能力，抓人物的神态描写来刻画比赛的紧迫性。

教学重难点：

关注培养学生的细节描写能力，抓人物的神态描写来刻画比赛的紧迫性。

教学准备：

课件制作，学生提前看图写草稿。

教学过程：

（一）导入

1. 师：同学们，今天我们一起来写一幅看图作文，上学期我们写了一篇漫画作文《文明只差一步》，谁来回忆下，你拿到漫画后是怎么做的？分成几个步骤来做？（首先……其次……）

（1）看图画，提取信息。（板书：看）

（2）勤思考，展开想象。（板书：想象）

2. 翻开书本第44页，读一读写作要求。（指名读）

3. 你从中提取到什么信息？要注意哪几点？

①守门员；②现场观众；③球赛。

4. 师：聪明的你告诉老师，哪些内容是可以看到的，哪些内容是需要想象的？（图片中可获取的信息是守门员、场外观众，需要想象的是球赛的紧张、激烈）

（二）看图提取信息

1. 认真看图，想一想故事发生的时间、地点和人物。

时间：放学后（从书包看出）；

地点：空旷的平地；

人物：守门员、观众。

2. 除了图片中人物，你觉得是否还有其他人出现在这个故事中？为什么？（所有的人都紧盯着一个方向）

3. 他们在看什么（足球比赛）？一场怎样的球赛？

4. 你从他们的哪些表情与动作可以判断出这是一场紧张、激烈的球赛？找一个人物来说一说。

守门员：戴着皮手套，警惕地盯着前方，膝盖破了也毫不在意，分腿弯

腰，上身前倾，随时准备着球的到来。（大哥哥似乎回想起自己从前和小伙伴一起踢球赛的情景）

（三）自由想象比赛的场景

1. 你觉得这一群人紧盯着的比赛，此时两组队员在做什么？看过足球赛，对足球赛有了解的举手。请说说你对足球赛的了解。（出示足球赛的简介、课件。大哥哥似乎回想起自己从前和小伙伴一起踢球赛的情景）

2. 他们的球门在哪里？用什么做的？（书包、帽子叠成）

3. 小组内自由讨论赛况，想象比赛场景。

（四）出示下水作文

思考：

1. 从哪几个角度写了比赛？

2. 还可以怎样组织材料，安排顺序？

（五）写作实践

1. 在讲评草稿中存在的问题。

2. 选取学生草稿，带着学生修改。

3. 誊抄作文。

六年级上册（人教版）

第一单元：想象自己是大自然中的一员

要求：

把自己想象成大自然中的一员，想象成员们在大自然中是怎样生活或变化的，想象它们眼中的世界是什么样的，并融入自己的感受写下来。（详情参考单元目标要求）

目标对比：

1. 充分运用五官，细心观察，感受大自然带给自己的独特感受和想象。关注使用由事物引起的联想等表达方式。

2. 继续运用平时积累的好词好句到自己的习作当中，尤其是有新鲜感的词句。

3. 习作要有一定的速度，一节课内完成不少于400字的习作。

第四单元：根据漫画编故事《珍惜资源，保护环境》

要求：

观察主题为"珍惜资源，保护环境"的几组漫画，整体了解图文内容，写出自己的理解和感受。

目标对比：

与五年级的漫画作文《离文明只差一步》要求相似，通过观察漫画内容，得出有关珍惜资源、保护环境的启示。

因为本单元要求采用建议书的形式，所以需要根据阅读对象选择有针对性的习作内容。

在观察漫画的基础上，要求联系生活实际，有理有据地表达自己的感受、观点，更注重合理地表达自己的想法和观点。

第五单元：续编故事《争吵》

要求：

根据已有的情境开头续编故事，通过自己的想象将事情发生的经过和结果写清楚，内容写具体。

目标对比：

到了高年级，想象作文不再是单一地写出自己的想象，而是围绕某一人、某一事或某一场点来联想和想象。本单元重点突出人物的描写，根据提供的一段话续写故事，将想象与写人记事联系起来，属于情境类想象作文。

按照一定的表达顺序，选择恰当的事件来表现人物的特点。写事要求把印象最深、最受感动的内容描写具体。

愿意主动与同学们交流分享习作，简单评析习作，学会运用修改符号互相修改习作，并借鉴学习他人习作优点运用到自己的习作当中。

第七单元：看图作文《过马路的鸭子》

要求：

观察图片和文字报道，进行合理想象，编写一个故事，要求内容具体，感情真实。

目标对比：

1. 这是高年级的最后一篇看图作文，看图片报道合理想象写故事，激发学生对动物的理解与热爱。

2. 有目的地编写一个故事，要求故事结构完整，写明故事的起因、经过和结果，且分段合理。

3. 写后交流分享评析，能借鉴学习同伴写得好的词句并运用到自己的习作当中。

《想象自己是大自然中的一员》习作教学设计

教学目标：

1. 学会展开联想和想象，表达自己的独特感受。

2. 根据自然中万物的生活和变化规律，想象它们眼中的世界，并融入自己的感受写下来。

教学重难点：

1. 重点：把自己想象成大自然中的一员，融入自己的感受，把它们的生活写下来。

2. 难点：

（1）学会展开联想和想象。

（2）在写作时，能够运用比喻、拟人、排比等修辞手法。

教学准备：

通过互联网搜索一种植物或动物，或一种自然现象，深入了解其特点。

教学过程：

（一）课前交流

小游戏：播放狗叫的声音，问学生听后想到了什么。

（预设：小狗欢迎主人回来；小狗与我在草地上欢乐地玩耍；狗发现了小偷……）

师：同学们的想象力可真丰富，相信这节课一定会上得很精彩，有信心吗？

（二）视频激趣，揭示主题

1. 师：同学们，今天，老师给大家带来一份来自大自然的礼物，请欣赏后用一句话说说你看到了什么。（播放描述大自然神奇景象的视频）

（预设：我看到巍峨的山峰，我看到海底快活的鱼儿，我看到五彩缤纷的花朵，我看到有趣的甲虫，我看到可爱的小鸟……）

2. 师：大自然多美啊！今天这节课，我们就一起走进这神奇、有趣的大自然！

（三）读懂提示，明确要求

1.（出示习作要求）请同学们自由、快速地读一读习作要求，用简洁的话说说写什么。（板书：我是大自然中的一员）

2. 我们应该从哪些方面写好这篇文章？（板书：想象感受）

3. 教师小结：现在，我们就要把自己当作大自然中的一员，借助想象的翅膀来介绍自己在大自然中的生活或变化，描述你眼中的世界。

（四）回顾课文，领悟写法

1. 第一组的《山中访友》《山雨》《草虫的村落》《索溪峪的"野"》四篇课文，你从中学习到了哪些写作方法？

2. 学生自由畅谈自己领悟到的写作方法。

3. 总结：本组课文在表达上有一个共同点：作者展开丰富的联想和想象，运用比喻、拟人等修辞手法，从不同角度展示了大自然无穷的魅力。《山中访友》把山林中的景物想象成与"我"诉说心声的朋友；《山雨》以合理而新奇的联想把雨景描绘成一场音乐会；《草虫的村落》以独特的描述、丰富的想象赋予小甲虫以生命、美丽与智慧；《索溪峪的"野"》一文，生动的语言让读者仿佛身临其境。

（五）交流互动，展示自我

1. 走进大自然，那美丽的风景会让人陶醉，那盎然的生机会让人激动……大自然中的一切都是那么美妙，它等待着我们用心灵去倾听、去感受。如果给你一个选择的机会，你想成为大自然中的什么？现在，请你静静地想一下，你将会怎样介绍自己。（学生闭上眼睛思考、整理，还可以自言自语）

2. 师：我觉得能够成为大自然中的一员是一件快乐的事，你一定有很多话想告诉你的好朋友，赶快开始吧！

3. 同桌交流，教师巡视指导，掌握学生交流情况。

4. 班上交流分享。

（1）请学生带上自己收集到的想成为大自然中一员的图片边展示边介绍自己。

（2）学生自己去请其他同学进行评价，教师在旁适当点拨。

（当评价的学生向讲述的学生提出不足时，教师就请讲述的学生结合同学

意见重新介绍一次）

（六）快乐动笔，体验成功

1. 师：不管你是大自然中的谁，你都有自己独特的地方，请把你听到的、看到的、想到的，加上丰富的想象写下来，做到内容具体。

2.（播放音乐，出示"温馨提示"）学生习作，教师巡视指导。

温馨提示：文章如果运用第一人称来写会比较亲切，如果再用上比喻、拟人、排比等修辞手法，文章会更生动、具体。

板书设计：

我是大自然中的一员

想象

感受

六年级下册（人教版）

没有单独的想象作文。

小学阶段说明文习作序列解说和教学设计

陈彩珍

一、说明文习作序列总体解说

说明文，即以说明为主要表达方式来解说事物、阐明事理而给人以知识的文章体裁。它通过揭示概念来说明事物特征、本质及其规律性。说明文一般介绍事物的形状、构造、类别、关系、功能，解释事物的原理、含义、特点、演变等。说明文实用性很强，它包括广告、说明书、提要、提示、规则、章程、解说词、科学小品等。按被说明的对象分类：有事物说明文和事理说明文。

小学第二、第三学段，人教版五年级上册第三单元编排了4篇培养学生科学素养、人文素养的说明文，这一单元选编的目的，一方面是让学生了解一些科学知识，唤起学生探索自然及科学奥秘的兴趣，激发学生学习的自觉性；另一方面要让学生了解说明的方法，体会作者怎样准确地用词、形象地表达，并在习作中加以运用。在这一单元课文学习后，本单元习作内容是写介绍一种物品的说明文。

综观教材，六年级上册第八单元《写一件喜欢的艺术品》和六年级下册第二单元《介绍一种民俗民居》都可以用上说明方法进行习作。五、六年级教材中三次说明文习作都属于事物说明文，习作都有一个共同要求：运用说明方法进行介绍事物特点。同时，这三次说明文习作要求又呈螺旋式上升。五年级上册"介绍一种物品"，作为小学阶段第一篇说明文习作，重在培养学生学会用说明方法介绍事物特点；六年级上册"介绍一种工艺品"，除了继续学会使用说明方法介绍事物特点之外，还开始注重介绍艺术品的条理性，并能在介绍事物时表达自己的感受；六年级下册的"介绍一种民俗民居"，同样要求用说明方法介绍特点，相比于前两次说明文提出要求根据事物的特点来确定详略，并在语言运用上，鼓励学生继续主动运用平时积累的语言材料，特别是有新鲜感的词句。

二、各年级说明文习作具体要求和目标

五年级上册（人教版）

第三单元：介绍一种物品

要求：

练习写说明性文章。选择一种物品介绍给大家，如蔬菜、水果、玩具、文具或电器。

目标：

1. 第一次练习写说明文，重在引导学生拓展积累素材的途径（观察、记录、参观、访问、阅读），积累丰富的素材。

2. 练习多角度、按顺序、运用说明方法具体描述一件物品，写出物品的特点。

3. 主动与同学交流，修改作文。

六年级上册（人教版）

第八单元：喜欢的一件艺术品

要求：

有条理地介绍一种艺术品；把看到的、听到的与内心的想象结合起来，表达自己的感受；主动运用平时积累的语言材料，特别是有新鲜感的词句。

目标对比：

1. 本次介绍一件喜欢的艺术品，更注重说明艺术品的条理性。

2. 五年级运用说明方法写出物品特点，而本次说明文的习作中还要注重表达个人内心感受。

3. 本次习作除了运用说明方法来介绍物品外，同时在语言上也鼓励多运用优美语句。

六年级下册（人教版）

第二单元：民风民俗

要求：

将调查了解到的民风民俗加以整理，写成一篇习作。可以写富有地方特色的服饰、饮食、民居。

目标对比：

1.本单元习作介绍一种民俗民居，运用说明方法介绍特点。

2.本次说明文相比于前两次，要注重根据事物的特点来确定详略。

3.在语言运用上，鼓励学生继续主动运用平时积累的语言材料，特别是有新鲜感的词句。

4.本次习作说明文，特别提出学生写作后跟他人分享自己的习作。能根据他人的建议，修改习作。

三、说明文习作教学设计

五年级上册（人教版）

第三单元：说明文习作——介绍一种物品

教学目标：

1.继续拓展积累素材的途径（观察、记录、参观、访问、阅读），积累丰富的素材。

2.练习多角度、按顺序、运用说明方法具体描述一件物品，写出物品的特点。

3.主动与同学交流，修改作文。

教学重难点：

1.重点：灵活运用课文中学到的说明方法介绍一种物品。

2.难点：激发学生写说明文的兴趣，培养学生热爱科学、热爱生活的情趣。

教学准备：

布置学生每人准备一两件"小商品"，可以是吃的、玩的、用的，可通过观察、参观、访问、阅读说明书、查找资料等方式尽可能多地了解这种物品。

教学过程：

（一）审题，明确习作要求

1. 学生自由阅读习作要求。

2. 明确习作内容介绍一种物品，可以是蔬菜、水果，也可以是玩具、文具或电器。

3. 明确习作要求可按照一定顺序来介绍，并运用学到的说明方法。

（二）方法指导

结合本单元课文，师生回顾常用的说明方法有哪些，师相机板书。

（三）分组讨论，引导观察

1. 根据介绍的种类把学生分为蔬菜组、水果组、文具组、玩具组和电器组，蔬菜组、水果组完成表一，文具组、玩具组和电器组完成表二内相关内容。

表一

蔬菜、水果	形状	颜色	味道	种类	营养价值

表二

文具、玩具、电器	形状	特点	构造	用途	使用过程注意问题

2. 为了更清楚地介绍物品特点，想一想按照什么顺序来介绍，你打算运用哪些说明方法。（先小组讨论，再全班交流）

3. 全班交流，师生补充。

（四）自主习作，教师巡视指导

1. 学生自主习作。

2. 指导重点：一是按一定顺序写，二是运用恰当的说明方法。

（五）交流评赏，认真修改

1.小组交流，互读互改。

2.全班交流，再次修改。

板书设计：

说明文习作——介绍一种物品

运用说明方法（列数字、举例子、作比较、打比方等）

按一定顺序介绍

六年级上册（人教版）

第八单元：说明文习作——介绍一件艺术品

教学目标：

1.有条理地介绍一种艺术形式或艺术品。

2.介绍物品时能恰当表达自己的感受。

3.主动运用平时积累的语言材料，特别是有新鲜感的词句。

教学重难点：

1.重点：用说明方法有条理地介绍一种艺术形式或艺术品。

2.难点：介绍物品时能恰当表达自己的感受。

教学准备：

1.学生准备一件喜欢的艺术品，到时可以带到课堂便于交流。

2.学生可以上网收集喜欢的艺术品图片，做成PPT或打印出来。

3.学生课前对喜欢的艺术品进行观察和查阅相关资料。

教学过程：

（一）图片导入，激发兴趣

1.罗丹说："美是到处都有的，对于我们的眼睛，不是缺少美，而是缺少发现。"

2.出示各种艺术品图片，学生欣赏。并导入本次习作主题：介绍一件艺术品。

（二）学生展示，交流艺术品

1.学生上台展示自己所带的艺术品（可以是艺术品实物，也可以是PPT展示，还可以是图片展示等），并介绍艺术品特点。

2. 了解同类艺术品的学生进行补充。

（学生展示部分，老师可恰当提醒学生用说明文的方法介绍，也鼓励学生表达自己的感受）

（三）佳作引路，学习写法

1. 我们来读一读下面这篇佳作，学习说明方法的运用。

卧狮

我家有一件泥塑上釉的精致工艺品，高达一尺，长约五寸，塑的是"兽中之王"——狮子。

一只昂首仰视的雄狮，横卧在一块嶙峋的岩石上。狮子的整个身子是白色的，发出微微的银光。下面的岩石是青绿色的，和白色的卧狮形成鲜明的对照。

狮子的头部长约三寸，头上的毛发一缕一缕的，清晰可辨。有的曲卷着，如根根鱼钩；有的四放着，像朵朵盛开的菊瓣。狮子的前额和下巴的毛都略向后飘，仿佛被风吹拂。在它的长发中，隐约可见它那一对灵敏的耳朵。它的双眼怒视前方，眉骨略微凸起。狮子张开大口，露出獠牙巨齿，显出一副威严难犯的样子。

卧狮身子较短，比头部还要稍短些，中间部分向外突出，它的身躯十分光滑，可以看出根根肋骨。卧狮的两只前腿向前伸着，利爪紧收，全部向下弯着，有一只爪子已经越出了岩石，悬在空中。两只后腿蜷曲着，右边半跪，左边完全被身子盖住，使身子的那一部分微微隆起。它的尾巴弯曲在背上，尾端特别大，像钢鞭带着头缨一样。

狮子下面的岩石，像天上的一朵云彩，又像力负万钧的石基，有力地衬托出雄狮的威严。整个工艺品，显得那样神奇美妙，不能不令人惊叹。

2. 学生交流例文中作者的观察方法。

3. 学生找出用了说明方法的句子。

（四）明确要求，动笔习作

1. 出示本次说明文习作要求。

用说明方法有条理地介绍一种艺术形式或艺术品；介绍时能恰当表达自己的感受；主动运用平时积累的优美语句。

2.学生动笔习作。

3.教师巡视指导。

（1）帮助有困难的学生，根据情况个别辅导。

（2）留意具有典型性的习作，准备引导学生评议。（典型性习作包括：说明方法的运用，对感受的表达等）

（五）合作交流，修改完善

1.教师展示个别习作，交流评议。

2.根据交流中受到的启发再次修改自己的习作。

板书设计：

说明文习作——介绍一件艺术品

用说明方法（列数字、举例子、作比较、打比方等）

介绍有条理，恰当表达感受

六年级下册（人教版）

第二单元：说明文习作——介绍一种民俗民居

教学目标：

1.抓住特点来介绍，表达自己的感受。

2.根据事物的特点来确定详略。

3.跟他人分享自己的习作。

4.主动运用平时积累的语言材料，特别是有新鲜感的词句。

5.能根据他人的建议修改习作。

教学重难点：

1.重点：用说明方法介绍事物特点。

2.难点：根据事物的特点来确定详略。

教学准备：

布置学生了解自己最喜欢的一处民俗民居，通过咨询父母或查阅资料等方式了解这种民俗民居的特点。可以用文字记录了解到的信息，也可以通过照片、PPT制作等方式记录。

教学过程：

（一）谈话导入，激发兴趣

我们的祖国地大物博，"百里不同风，千里不同俗"，在艺术形式上百花盛开，在民居上也是各有特色。这节课，我们来写一写课前了解的民俗民居。（板书课题：介绍一种民俗民居）

（二）交流展示，感受各地民俗民居

（1）小组交流。对课外阅读、上网查找或者亲身经历等了解的民俗民居进行交流。

（2）各组派代表全班交流。

（3）认真听同学介绍的民俗民居的特点，也可以进行补充或提出感兴趣的问题。

（三）明确习作要求，交流写法

1. 出示习作要求。

用说明方法介绍一处民居特点，能根据事物特点确定详略，用上优美语句。

2. 回顾说明方法，确定思路。

（1）引导回顾说明方法有哪些？

（2）思路：你想介绍的是哪一种民居，它有什么特点，你最想详细写哪部分？

（四）学生动笔习作，教师巡回指导

（1）根据小组交流、全班交流的收获，把想要介绍的一处民居写下来。

（2）教师巡视，特别关注学生是否运用说明方法以及详略的结构安排，相机指导。

（五）评改习作，修改完善

（1）小组修改。

（2）根据同学和老师的建议，自己再认真修改。

板书设计：

说明文习作——介绍一种民俗民居

用说明方法（列数字、举例子、作比较、打比方等）

有详有略

小学中高年段应用文习作序列解说和教学设计

林 纯

一、应用文习作整体解说

《小学语文课程标准》中对学生应用能力方面的目标有：能用简短的书信便条进行书面交流；能提出学习和生活中的问题，有目的地收集资料，共同讨论；结合语文学习，观察大自然，观察社会，书面与口头结合表达自己的观察所得；能在老师的指导下组织有趣味的语文活动，在活动中学习语文，学会合作；在家庭生活、学校生活中，尝试运用语文知识和能力解决简单问题。

为达成以上目标，小学阶段应用文写作共安排了六种文体：日记、书信、发言稿、研究报告、演讲稿、建议书。其中，日记在三、四年级各安排一次，书信在四年级和五年级各安排一次习作。从最基本的日记体记录，到与人交流的书信，到发表自己观点的发言稿、建议书，再到需要进行调查研究后形成的研究报告以及表达自己的观点，并需要用一定的技巧渲染情绪的演讲稿，我们可以发现教材的设计思路非常清晰，注重实践性、实用性，各个学段相互联系，螺旋上升，相互渗透，由简入繁，由浅入深，促进学生语文素养的整体提高。

二、各年级应用文习作具体要求和目标

三年级上册（新编版）

第二单元：写日记

习作要求简析：

本次习作是小学阶段第一次应用文写作，选择学生生活中最常用的日记进

行练习，浅显易学，符合刚刚学习写整篇作文三年级孩子的特点。本次习作教材的内容及要求有：读例文，说说自己的发现；和同学交流写日记有什么好处；日记里可以写什么；日记的格式是怎样的。准备一本日记本，坚持写日记。

第一次写日记，主要是了解日记的格式、作用，激发学生写日记的兴趣，培养记日记的习惯，对于内容字数不做要求。因此，把本次习作目标定为以下几点：

1. 借助例文引导学生自己发现日记与其他文体的区别，了解日记的格式。

2. 知道日记的内容是记录当天发生的有意义、有趣的事情。

3. 了解写日记的好处，对写日记感兴趣，并能坚持写。

4. 以激发兴趣为主，不做字数要求。

《写日记》习作教学设计
——小学语文部编版教材三年级上册第二单元

教学目标：

1. 引导学生自己发现日记与其他文体的区别，了解日记的格式。

2. 知道日记的内容是记录当天发生的有意义、有趣的事情。

3. 了解写日记的好处，激发学生写日记的兴趣。

教学过程：

（一）谈话导入

同学们，你们平时写过日记吗？日记应该怎么写呢？这节课我们就一起来学习。

（二）读懂例文，思考提问

1. 怎样写好日记呢？首先让我们先来读懂例文。

出示课本中的例文，学生浏览例文，提出自己的疑问或者发现。

2. 教师对问题进行汇总和补充。

（1）日记的格式是怎样的？

（2）日记的内容有何特点？

（3）写日记有什么好处？

（三）小组合作，解决问题

1.分组合作探究以上问题。

（1）日记与我们以前写的作文有什么区别？

（预设：主要区别在格式上）

（2）日记的格式是怎样的？

（提示：第一行正中要写清年月日、星期几和天气情况，然后再写正文，正文要空两格开始写）

（3）日记可以写什么？怎样写？

①日记就是写自己想说的话。怎么想就怎么写，内容真实。

②日记就是写自己看到的，如各种事物或发生的事件，有选择地写下来。

③日记就是写自己想到的。写自己的想法、心情，写自己做过的事情，自己怎么做的就怎么写。

提问：日记是不是把一天内从早到晚发生的每件事都按照顺序记下来？

（应该选择有意义的材料）

④怎样写好一篇日记呢？

教师结合例文讲解写作注意事项：

第一，把握细节，细观察。

第二，条理清晰，有重点。

第三，表达情感，要真实。

第四，好词佳句，会运用。

（4）写日记有什么好处？

（提示：重要的事情记下来，以后可以查看，有意义的事情记下来，对自己是个教育。写日记还是积累作文材料、作文练笔的好方法）

2.检查小组讨论情况。

（1）小组汇报讨论结果，教师点评总结。

（2）回顾写好日记的方法：①日记的格式要正确；②选择有意义的事情，写清楚；③表达自己的真情实感。

3.总结所学，学写日记。

（1）学生写日记，教师巡堂指导。引导学生回忆一天的所见所闻所感。选择自己觉得特别有趣、有意义的事情写下来。

（2）教师总结：这节课，同学们有什么收获？今后，请同学们准备一个日记本，坚持写日记。仔细观察身边的人和事，用心去感受，拿起笔记下我们美好的童年。

板书设计：

写日记

格式：日期　　星期　　天气　　开头空两格

内容：有意义

好处：积累

四年级上册（人教版）

第二单元：观察日记

习作要求简析：

本次日记习作是与观察事物（动物、植物、物品等）习作二选一的习作，可选择写观察性的状物记叙文，也可以写连续性观察日记。教材里对本次习作的要求包括：①留心观察一种事物；②是怎样进行观察的；③有什么新的发现；④在观察的时候，有什么有趣的事情发生了；⑤连续观察一种事物的话，选几则满意的日记，修改后形成习作；⑥注意日记的格式。

在三年级了解了日记的格式，已经逐步养成坚持写日记的基础上，四年级增加了写作顺序、写作内容方面的要求，并且要熟练掌握日记格式。

目标：

1. 连续观察一种能运动变化的事物，发现其中的变化。

2. 初知观察的方法：①全面观察和重点观察；②重复观察和长期观察；③对比观察。运用以上方法观察事物，并做好每天的记录。

3. 综合自己的观察结果及观察过程中有趣的事情，按照事物的几个方面有条理地写清楚事物，分段叙述，形成每日的观察日记。

4. 选几则自己觉得满意的并能体现事物阶段变化的日记，用学过的修改符号进行修改加工，形成习作。

5. 熟练掌握日记的格式。

《观察日记作文》教学设计

——人教版小学语文四年级上册第二单元"口语交际与习作"

教学目标：

1. 初知全面观察、重点观察、重复观察、长期观察和对比观察。运用以上方法观察事物，并做好每天的记录。

2. 熟练掌握日记的格式，综合自己的观察结果及观察过程中发生的有趣的事情，按照事物的几个方面有条理地写清楚事物，分段叙述，形成每日的观察日记。

3. 选几则自己觉得满意的并能体现事物阶段变化的日记，用学过的修改符号进行修改加工，形成习作。

教学重难点：

学生自主探究观察，小组合作分享观察的事物特征和趣事。指导学生选几个方面重点详细描写，分成几个阶段体现变化。

教学时间：

一课时。

教学准备：

发观察表格，布置学生观察并记录形成初步观察日记。

教学过程：

（一）复习导入

本组课文我们学习了《古诗两首》《爬山虎的脚》《蟋蟀的住宅》和《世界地图引出的发现》，这些课文都写得具体、生动、有趣，同学们知道这些作者为什么会写得这么有趣吗？

教师小结：这与作者平时认真、连续的观察密不可分。今天我们就把这种写法运用到自己的习作中，让自己的习作也显得生动有趣。

（二）分组交流自己的观察记录

1. 同一观察事物小组自成一组，结合记录表说说自己的观察体会，其他同学听完谈自己的意见。（附观察记录表）

动物（　　　）观察记录表						
外形	颜色					
	样子					
	身体构成					
	区别其他动物的突出特点					
习性	日期	饮食	嬉戏	休息	特别发现	

植物（　　　）观察记录表					
日期	照片或画图	光照、水分条件	样子（干、茎、叶、花等组成部分形状、颜色和姿态）	调动五官观察（看、听、闻、尝、想）	作用、价值或特别发现

2. 请同学们结合观察表总结观察动物和植物的方法：动物从外形和习性等特点观察；植物从各组成部分的形状、颜色、姿态全面了解，还可以调动五官感受植物。

3. 教师总结：同学们的观察全面、细致，有重点、有对比，并且都经过了一段时间的观察。（板书观察方法）

（三）品读每日的观察日记

1. 小组内互相交换观察日记进行交流。

（1）画出别人日记里精彩的片段、句子。

（2）选择最能体现事物阶段变化的日记做上标记。

（3）互相提意见。

2. 选择具有代表性的日记全班交流。

教师小结：

（1）观察有顺序，介绍才会有条理。（上—下、前—后、远—近、左—右……）

（2）最好按一定的顺序，展开想象、联想，运用修辞手法，使文章具体生动。（技巧：想象、联想，修辞手法：比喻、拟人、排比、对比……）

（四）明确本次习作具体要求

1. 默读书上的作文要求，说说这次作文的要求。

（1）写观察日记，注意日记格式。（检查自己的日记格式）

（2）写自己最想写的，尤其是要写出观察中的新发现。

（3）给作文拟题目。

2. 教师提示：选择事物最具代表的特征或是有趣的地方，修改自己原有日记的语言，使描写具体生动。

（五）修改习作

1. 师提出朗读修改法，PPT出示修改符号运用。

2. 修改作文的要求：

（1）句子是否通顺。

（2）写作是否按一定的顺序来写的。

（3）有无错别字。

（4）是否写出了事物的特点。

（5）文章是否写得生动、具体。

3. 学生修改习作，可以自行修改，可以交换修改，可以小组修改。师巡视，相机指导。

（六）交流习作

师生各选一个植物或动物类代表来评价、交流、归纳。（教师板书：有顺序、有详略、抓特点）

（七）作业布置

在修改的基础上，完成习作誊写。

（八）板书设计

观察作文

观察作文
全面
重点
重复 ⎫
长期 ⎬ 观察 ⟶ 观察日记 ⟶ 观察作文 ⎧ 有顺序
对比 ⎭   ⎨ 有详略
                                   ⎩ 抓特点

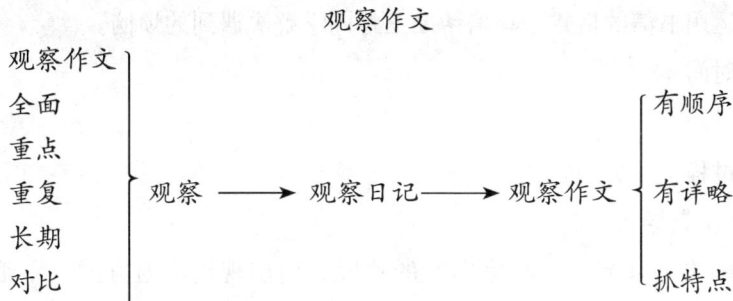

第七单元：书信

习作内容简析：

本次习作是小学阶段第三篇应用文习作，习作内容是：①根据一封来信，阅读后讨论信中的问题；②给写信的同学回信，帮她解决遇到的烦恼；③把想说的意思写清楚，还要注意书信的格式。

这是学生第一次接触书信这种文体。本次习作主要有内容和格式两个方面的要求。从内容而言通过回信能帮助王虹同学解决遇到的烦恼，从格式而言要学会运用正确书信格式。因此，我们把本次习作目标定为：

1. 通过例文了解书信的格式，知晓书信中独有的称呼、问候语等特质并能正确运用。

2. 通过阅读来信，确定本次回信的内容是要帮助王虹同学解决遇到的烦恼，写清楚表达的内容。

3. 面对一名小学生，能以回信人知心姐姐的角色，用得体的语言进行回信。

《给王虹的回信》教学设计
——人教版小学语文四年级上册第七单元"口语交际与习作"

教学目标：

1. 阅读来信，确定本次回信的内容（帮助王虹同学解决遇到的烦恼），写清楚表达的内容。

2. 面对一名小学生，以知心姐姐的角色，用得体的语言进行回信。

3. 了解书信的格式，知晓书信中独有的称呼、问候语等特质，并能正确运用。

教学重难点：

正确运用书信的格式，写信帮助王虹同学解决遇到的烦恼。

教学时间：

一课时。

教学过程：

（一）情景导入

播放中央电视台《一封家书》的片段，引出现代沟通方式。一纸一笔，一书一信，《一封家书》看似朴实无华的形式却可以让人沉静思考，回归本真，把内心的想法表达出来，进而让缺乏仪式感的现代人放慢脚步，静心体会生活。

书信是一种很好的交流方式，今天我们将用书信的方式，以一次心灵的沟通帮助一名同学。

（二）温故知新

书信小知识

（1）温故：回顾已经学过的书信写作格式，结合本单元课文中书信格式回顾写信格式应注意的几个部分。

（写回信应注意格式：称呼、正文、结尾、署名和日期五个部分）

（2）总结：书信顺口溜。

称呼顶格加冒号，换行两格问个好。

正文每段空两格，有主有次不乱套。

事情谈完写祝福，健康快乐常祈祷。

先署名，后日期，分行写在右下角。

（3）知新：寄信要注意信封的规范写法，双方的地址一定要写准确、清晰。收信人的地址、收信人的姓名、寄信人的姓名和地址，应按顺序分别书写在信封的上、中、下部位；收信人的地址、收信人的姓名应从信封左边、信封的三分之一处写起；双方的邮政编码要写在方格之内。

（三）审题练笔

1. 审题明确习作要求

（1）读一读。

明确任务：回信帮助王虹同学。

读王虹同学写给知心姐姐的信。

（2）说一说。

这封信中提到了哪些问题？想要解决什么难题？

2. 小组讨论习作内容

（1）学生自主读信。

（2）小组讨论。

王虹遇到了哪些烦恼和问题？你对这些问题有什么看法？你认为她该怎么做？

（3）小组汇报。

（4）教师总结。

（四）练习回信

1. 提醒注意：回信的特点要表现在写正文时先要回答来信中的问题，再写自己想要告诉对方的事情。回答问题时要情真意切，要用事实说话，少谈或不谈大道理。

2. 学生打草稿，教师巡视，相机指导。

（五）朗读修改

引导学生运用从《那片绿绿的爬山虎》一课中学到的修改方法。

（六）习作交流与讲评

指名读习作，其他同学评议。

（七）布置作业

生根据讲评修改习作，同学之间互相提建议修改，誊抄习作。

（八）板书设计

第七单元习作

——给王虹的回信

父母的不理解——沟通交流，消除安全隐患

怎样与同学交往——主动交流聊天

怎样让生日有意义——多种方式，各抒己见

五年级下册（人教版）

第一单元：写信

习作内容：

策划一次"手拉手"活动，给远方的同龄人写一封信。

本次的书信习作练习，与四年级相比，多了实践性操作要求。要求策划一次"手拉手"活动，通过讨论确定如何与远方的小伙伴建立联系，要开展哪些活动来增进彼此的了解，可以为对方做什么有益的事情。同时，在习作内容上也有更进一步的要求。可以介绍自己的情况，说说自己的想法，提出可行的建议。形式上可以是个人或小组的名义完成。此外，还要求进行修改，修改后建议寄出去，所以又涉及信封格式的问题。

在新媒体时代，随着电子邮箱、微信、QQ等工具的快捷性、方便性，书信投寄日渐式微，但是依然有学习的必要，所以应该把学习写信封也纳入本次习作的目标。

目标：

1. 指导协助学生与远方的小伙伴建立联系，策划一次"手拉手"活动。在实践过程中，注重分工协作，寻找可行性方式。

2. 进一步认识到文字交流的功能，合理安排书信内容，把要表达的意思按照一定的顺序表述清楚，倡导小组合作形式。

3. 学习书写信封格式，了解信封每项要素的意义。

4. 小组合作，恰当运用学过的修改符号修改习作。

《给远方的同龄人写一封信》教学设计
——人教版小学五年级语文下册第一单元作文

教学目标：

1. 通过书信练习，和远方的新疆朋友进行"手拉手"活动，了解新疆的人情与风光。

2. 懂得在信中有条理地书写内容，能通过书信的方式增进彼此的了解，并把"手拉手"活动开展下去，表达真情实感，传递友谊。

3. 能正确书写信封，体验寄信的过程。

教学重难点：

能正确地掌握书信的格式，有条理地书写内容，能够在表达中厘清思路，学会书写书信与人交往。

课前准备：

1.学生收集有关"手拉手"朋友的家乡新疆哈密市的相关资料。

2.教师准备课件，以及"手拉手"活动对方学校的照片、名单等补充资料。

教学过程：

（一）图片导入，激发兴趣

同学们，在本单元的口语交际中，我们策划了与新疆朋友进行"手拉手"活动的方案。今天老师就把新疆学校的美照给大家带来了，看你们一个个迫切的眼神，肯定好奇我们要进行书信交流的小伙伴们的学校长什么样吧。现在就让我们一起去看看新疆哈密市的风光。

同学看完照片后都想马上认识新疆的朋友们，那我们就来进行第一步——写信，建立联系。

（二）温故知新，掌握格式

1.书信的内容包括哪几个方面？

五个方面：称呼、正文、敬语、署名、日期。

2.学生们回忆书信的格式，交流书信的写法及格式。

3.教师指导巩固：开头顶格写称呼，打上冒号；第二行空两格写问候语；接下来换行空两格写正文部分；正文结束后，换行写祝颂语；最后在右下方写上寄信人姓名，在下面标上写信日期。

（三）激情讨论，碰撞灵感

1.小组讨论：如何给一个完全陌生的同学写信，信里应该写哪些内容；再考虑先写什么，再写什么。

2.整理讨论结果，罗列写作提纲：

介绍自己的家庭情况，因为我们与对方互不认识，为了能让对方了解我们的情况，能尽快和我们成为好朋友，我们要介绍一下自己的家庭情况，如家庭成员、成员性格、家中特别之处。

介绍自己的个性爱好，想让对方了解自己、认识自己，还可以从自己的个性爱好介绍入手，如自己的年龄、长相、性格兴趣和爱好等。

介绍我们新桥小学的学校生活，在信中，可以介绍我们新桥小学的情况，如校园、学校特色、班集体、任课老师……以便对方了解我们，增强双方的亲近感。

介绍自己的学习情况，作为一个学生，对方可能非常想了解我们的学习情况，因为他一定乐于和一个爱学习的好学生交往。所以，在我们的习作中，可以坦诚地介绍自己的学习状况，有哪些长处、哪些短处，真诚地希望对方能够向自己提出宝贵的建议，帮助自己提高。

介绍深圳的人情与风光，如深圳的气候，好玩和好吃的地方等，特别是我们学校附近的大宗祠、凤凰山等景观，以及生蚝等特色小吃。

（四）动笔习作，开启心扉

写完后，教师投影学生书写书信范文，对照评议标准进行评价。引导学生先自己评议这篇习作的成功之处，有什么不足，说说理由，并且加以修改。然后同桌互改，小组评议，选出优秀范文进行分享学习，其他同学修改好后抄写到书信纸上。

（五）教师示范，信封填写

注意信封的写法。

1. 信封的格式：左上方写收信人所在地址的邮政编码，上方写收信人的地址，中间写收信人的姓名，姓名写得大一些。信封的右下方写寄信人的地址、姓名和寄信人地址所在的邮政编码。

2. 注意检查信封的书写格式。

（六）体验寄信，期待回信

同学们把信装进信封，粘贴邮票，去邮局寄信。体验寄信经过并期待新疆朋友的回信。

第三单元：发言稿

习作要求简析：

本次习作安排在一组以"语言的艺术"为主题的课文之后，写某一主题发言稿。本组课文是高年级专题组织的多元化的典型体现，所选的课文有相声、剧本、文言文故事，无论从体裁还是从语文学习的角度来看，目标非常明确，就是让学生感受语言的魅力。通过对不同体裁文章的阅读，体味不同风格的语言，了解不同体裁的表达方式，达到语文课程标准中"热爱祖国语言文字"的根本目标。

本次的习作内容是写某一主题的发言稿，这是学生第一次写发言稿，要先了解这种体裁，知道发言稿是参加会议者为了在会议上表达自己的意见、看法或汇报思想、工作情况而事先准备好的文稿，同时学习用得体的语言表达自己的观点，感受语言表达的艺术。

目标：

1. 通过阅读不同情境下的发言稿例文，体会发言稿在生活中的作用。

2. 结合习作提示要求，了解发言稿的特点，明白发言稿根据不同的需要，在不同的情境中有不同的内容及风格。

3. 创设真实情境，学生尝试练习写发言稿，要求把自己的意思表达具体清楚，把句子写通顺，把语言写得体。

4. 组织修改和交流，以语言是否通顺得体、内容是否体现主题、是否符合发言场景为评价重点。

《写发言稿》教学设计
——人教版小学五年级语文下册第三单元作文

教学目标：

1. 让学生明确发言稿的写作特点和要求，学写一份发言稿，体会发言稿在生活中的作用。

2. 引导学生练习把自己的意思表达具体清楚，把句子写通顺。

教学重难点：

能根据具体需要和具体情境，写一份内容具体、情感真挚、语句通顺的发言稿。

课前准备：

1. 学生收集各种发言稿。

2. 教师制作课件。

教学过程：

（一）谈话揭题，激发兴趣

同学们，今天刚好是星期一，刚刚结束的学校升旗仪式上，我们老师代表在升旗台进行《国旗下的讲话》的发言，如果是讲话之前，把讲话内容写成文稿，那就是一种发言稿。而且，在一些重大节日来临时，在庆祝某项活动时，会有一些老师代表或学生代表发言，比如我们刚刚结束的"跳蚤市场"和即将到来的六一节活动，这时候就要写发言稿。那么，发言稿怎么写呢？这节课我们就一起来学习。

（二）交流讨论，明确特点

1. 老师出示一份学生收集的有关母亲节的发言稿，请同学们看看，你们能发现什么。

交流：这份庆祝母亲节的发言稿先向母亲送上节日的祝福，再向母亲表达自己的感激之情等，最后再一次祝福。发言稿的语言要热情洋溢，情感真挚。

2. 什么是发言稿？

教师总结：发言稿是参加会议者为了在会议或重要活动上表达自己的意见、看法或汇报思想工作情况而事先准备好的文稿。发言稿与演讲稿很相似，是一项重要的准备工作。

3. 那么平时我们在什么情况下需要用发言稿呢？

同桌讨论发言，教师总结，如国旗下讲话；教师节庆祝活动代表发言；六一儿童节代表讲话；少先队代表发言；竞选班干部；开学典礼，散学典礼；获奖发言；等等。

4. 六人小组讨论：小组内每人拿出课前收集的发言稿，小组合作交流：发言稿有什么特点？练习写发言稿要注意什么（格式、内容）？教师巡视合作情况并参与其中。

讨论后总结：不同场合所写的发言稿内容是不同的，要根据具体需要、具体环境而定。注意语言要简洁明快。发言是直接面向听众，所以发言的语言一定要简洁明快，尽量不使用冗长啰唆的句子，更不要使用一些深奥难懂的词语，话要说得准确、易懂，最好运用大众语言。

（三）选择类型，尝试创作

1. 学生根据习作提示选择写作情景或者发言稿的类型，选择相同情景类型的同学还可以组成合作小组一起写作。

2. 明确习作要求：内容具体，感情真实，语句通顺，不少于450字。

3. 学生尝试写作，教师巡回指导。

（四）互议互评，交流修改

1. 教师根据巡视观察，指名几名学生读习作草稿，指出问题，然后让学生结合评改中出现的典型问题自己修改作文草稿。

评价方向：不必拘泥于字数多少，以符合当时的发言要求为评价标准，以发言稿是否符合当时的场景、内容是否具体、语言是否通顺为评价重点。

2. 小组交流评改。

3. 全班学生互评互改。

4. 推选几名学生根据情境说一说自己的发言稿。

（五）展示范文，小结习作

教师展示优秀发言稿，并对本次习作进行小结。

第六单元：研究报告

习作要求简析：

本次习作是一组以"走进信息世界"为主题的综合性学习后安排的习作，习作主题是"利用信息，写简单的研究报告"。有两个关键词：一是"信息"，二是"简单"。本次习作是小学阶段唯一一次研究报告写作，也是第一次接触研究报告这种体裁。在之前开展的综合性学习活动中，应达成几个目标：①了解古今的信息传递方式的变化；②了解信息在生活中的存在及其价值，并且能正确对待信息化在现今生活中的利弊；③有初步的收集信息和处理信息的能力。在完成以上目标的基础上，指导学生自主策划相关的主题学习活动并开展活动，形成简单的研究报告。

目标：

1. 能根据一个主题收集有效的信息资料并进行整理，初步学会有目的地收集和处理整合信息。

2. 通过小组分工合作，采用多种方式，从多种途径收集相关主题信息。

3. 通过阅读范文，了解研究报告的基本格式和基本写法。

4. 根据收集整理后的信息，尝试写简单的研究报告，做到有主题，有过程，有结论，有建议或措施。

《写研究报告》教学设计
——人教版小学语文五年级下册第六单元习作

教学目标：

1. 了解研究报告的基本格式，基本写法。

2. 初步学会有目的地收集和处理整合信息，能根据主题收集有效的信息资料并进行整理。

3. 通过小组分工合作，采用多种方式，从多种途径收集相关主题信息。

4. 初步学会写简单的研究报告，做到有主题，有过程，有结论，有建议或措施。

教学重难点：

根据主题收集有效的信息资料并进行整理，形成研究报告。

课前准备：

分成8个学习小组，每个小组选择一个感兴趣的主题（可以是课本上的，也可以是课外的），分工合作收集资料，整理资料。

教学过程：

（一）认识研究报告

1. 阅读教材提供的两篇研究报告，说说研究报告是做什么用的，格式上有什么要求。

2. 学生阅读反馈后，师生共同总结研究报告的作用、要素及格式要求。

研究报告的作用：针对某一主题进行研究，分析原因，得出结论，找出对策或解决办法。

研究报告的基本格式：问题的提出，调查方法，调查情况和资料整理，得出结论并提出建议。

（二）交流收集资料心得

1. 小组讨论交流，梳理小组收集资料的过程，准备汇报。

2. 每个小组选派代表汇报自己小组收集资料的情况。

要求包括：①主题；②为何要选择这一主题；③运用了什么方法收集了哪些材料；④整理出了哪些有效材料；⑤每个组员在这个过程中发挥了什么作用；⑥在收集资料、整理资料的过程中有什么收获。

3. 总结反馈。

（三）小组合作撰写研究报告

1. 以小组为单位，分工合作。

可以每小组指定一位执笔，共同完成；也可以分部分各自撰写。

2. 学生进行习作，教师巡视，并对有困难的小组进行指导。

3. 学生完成初稿，进行修改。

（四）交流分享

各小组分享研究报告，全班评议。

评价标准：

1. 是否符合研究报告的基本格式。

2. 针对某一主题是否深入分析原因。

3. 是否有建设性的对策或解决办法。

4. 除了收集的资料外，是否有小组自己的创造性想法。

5. 汇报时语言是否流畅，态度是否大方，声音是否洪亮，条理是否清晰。

（五）教师总结

结合小组分享汇报情况，教师进行总结。

主题明确，过程有序，结论明确，有恰当的建议或措施。

（六）作业

进行二次修改。

六年级上册（人教版）

第二单元：演讲稿

习作要求简析：

本次习作是在一组爱国主义题材的课文后安排的一次练习，要求根据自己的感受和体会，运用收集到的资料，围绕"祖国在我心中"这一主题，写一篇演讲稿。有规定的主题，还有收集资料的实践要求，是小学阶段第一次也是唯一一次演讲稿习作练习。在五年级上册第六单元"走进信息世界"语文综合实践的学习中，学生已经学习了如何收集及处理信息，并且学习了怎样写发言稿。在此基础上，学生运用已有的收集信息、处理信息的能力，进行演讲稿习作练习。可以和发言稿结合起来，对比异同。知道演讲稿也是发言稿的一种，要有主题，有条理，内容具体。发言稿是参加会议者为了在会议上表达自己的意见、看法或汇报思想、工作情况而事先准备好的文稿，把自己的观点表达清楚就可以，但演讲稿是在较为隆重的仪式上和某些公众场合发表的讲话稿，为吸引听众，除了具备发言稿的基本要素，结合具体材料把要表达的观点说清楚之外，还对语言的感染力有较高的要求，要用简洁有力的语言点明主题，向听众发出号召。

目标：

1. 了解演讲稿的作用、文体特点及基本的结构和格式。

2. 培养学生围绕某一主题，收集资料，整合资料的能力。

3. 提高学生组织写作素材的能力，做到条理清晰，结构合理，重点突出，语言有感染力。

4. 培养学生敢于分享、乐于分享，善于与他人交流自己观点的良好习惯。

5. 在实践活动过程中感受民族的振兴、国家的富强，激发学生热爱祖国，为祖国的强大而自豪的爱国情感。

《写演讲稿》教学设计
——人教版小学六年级上册第二单元习作

（一）直接导入，明确目标

老师提前准备几篇比较优秀的演讲稿，印发给学生。老师选择其中一段演讲稿声情并茂地读给学生听，让学生直观地感受演讲的魅力。

提问：

1. 听了这段演讲稿，同学们有什么感受？（让学生谈自己的感受——热血沸腾）

2. 谈谈和其他文章的不同之处。在讨论的基础上，了解演讲和演讲稿的特点。

3. 提出学习任务：演讲可以分为有准备的演讲和即兴演讲，有准备的演讲一般需要预先写演讲稿。今天这节课，我们就来学写演讲稿。（板书：学写演讲稿）

（二）讨论交流，梳理内容

课前学生已经围绕"爱祖国"这个主题，收集爱国诗篇（或散文）配乐朗诵，寻找爱国人士的足迹，了解身边的爱国人士，编写以爱国为主题的手抄报，阅读与爱国有关的书籍。

今天这节课，老师给你们搭建一个舞台，召开一次"祖国在我心中"的学习汇报会，请同学们把自己的学习成果奉献出来，和大伙一同分享。

1. 读口语交际的要求，明确汇报形式

学生展示自己的综合性学习成果，形式不一。

2. 小组讨论汇报形式

根据学生的实际情况，在头脑中把他们分好组，以便在出现状况时进行调控。

3. 根据汇报形式，组内排练

若是选择的演讲，那么先在组内演讲，再选出演讲得好的同学在全班表演。讲故事组也是如此，而朗诵散文和诗歌可全员参与，也可择优上台。

（三）汇报交流，拓展思路

老师和同学根据评分标准做出公正的评价，选出最优秀的汇报者。鼓励小组集体汇报形式，体现集体精神。

评价标准：态度大方，口齿清楚，声音洪亮，语言有感染力，内容符合此次综合性学习要求，内容较为具体，了解途径不单一，表达了爱国情感。

根据评价，给最优秀的汇报者颁奖加分。

（四）明确要求，写作指导

1. 出示《祖国啊，我的母亲》，视频演讲（带字幕）。

2. 听完这个演讲，同学们觉得演讲稿有什么特点呢？

（1）针对性。演讲是以思想、感情、事例和理论来打动听众。

（2）鼓动性。演讲稿思想内容深刻，语言表达要形象生动，富有感染性。

3. 如何写好演讲稿呢？

（1）回顾本单元的语言训练点，看看有什么值得借鉴的地方。

出示课文《詹天佑》，有一家外国媒体轻蔑地说："能在南口以北修筑铁路的中国工程师还没有出世呢。"这句话集中反映了詹天佑接受修筑京张铁路任务的压力，更能反衬出詹天佑为国分忧的爱国主义品质。可见作者用词准确，抓住詹天佑的言行、想法等关键词句体会人物感情。

（2）写演讲稿一般要注意什么问题？

先根据听讲人的身份，写上适当的称呼。然后写演讲的主要内容，注意结合具体材料把要表达的观点说清楚，要表达真情实感。最后可以用简洁有力的话点明主题或向听众发出号召。

本节课我们就围绕"祖国在我心中"的主题，写一篇演讲稿。

演讲稿的观点可以从祖国的科技发展迅速、祖国地大物博、祖国景色秀丽等方面入手，注意要围绕观点选材，不要跑题。

（五）写作实践交流评改

1. 自主写作，要注意表达真情实感。（教师进行巡视、指导）

2. 针对学生习作中出现的问题，教师点拨。

3. 小组互学提示：

（1）组内推荐或是随机选取一篇文章作为被点评的例文。

（2）从中选取一点或两点作为组内的讨论重点。（好，好在哪里；不足，有什么建议）

（3）小组长用红笔做好记录。

（4）组内推荐或是随机确定一名同学准备全班交流。

（5）修改习作（二次作文）。

4. 修改建议：

（1）用红笔对自己的文章进行修改。

（2）读一读文章，思考：文章是否具有感染力、号召力？文章所选择的事情和自己要表达的情感是否相符？

（3）在表达过程中，哪些内容需要再简单一些？哪一部分内容是最需要详细描写的？你做到了吗？如果没有，赶紧拿起笔再细细雕琢一下。

（4）课下互相阅读其他同学的习作，互相借鉴，完成习作，下节课再互相交流，评选出优秀习作。

第四单元：写建议书

习作要求简析：

本次习作是针对生活中存在的浪费资源和污染环境的不良现象，写一份建议书，提出自己的看法和建议，并向有关部门反映。本次习作提出了三个层面的要求，一是调查收集材料；二是学习写建议书；三是向有关部门反映。与五年级的发言稿及本册第二单元的演讲稿相比，除了主题内容和格式方面的要求外，还要求向有关方面反映，着重建议书的使用价值，提出更高阶的要求，可以激发学生写作兴趣及承担社会责任感的情感。

目标：

1. 学习写建议书，了解建议书的作用、文体特点以及基本的结构和格式，强调建议书开首的称呼（就是写清楚建议书是写给谁的）。

2. 围绕资源浪费和环境污染的主题，收集资料，展开调查，整理文件，并确定建议书提交的相关部门，培养学生收集整合资料的能力。

3. 组织素材，按照建议书的格式撰写建议书，做到条理清晰，结构合理，重点突出，言之有理，言辞恳切。

4. 派代表把建议书交给相关部门，增强学生作为社会公民的社会责任感。

《学写建议书》教学设计
——人教版小学语文六年级上册习作

（一）回顾导入，引起思考

1. 回顾课本第四单元的课文以及本单元的主题。

（1）同学们，现在我们回顾第四单元有哪些课文。

（2）这几篇课文发现都有一个共同的主题——珍惜资源，保护环境。

（3）今天老师给大家带来一则广告，大家要认真看，想一想，这则广告告诉我们什么？（出示广告《地球先生生病了》）

2. 全班小组交流，学生结合自己的资料进行展示。

（1）我们赖以生存的地球只有一个，它多么需要我们的保护呀！可生活中，浪费资源、污染环境的现象却屡见不鲜。在上课前老师布置大家回去收集资料，谁愿意结合自己收集到的资料跟大家谈一谈身边的环境污染情况。（学生汇报）

学生逐一汇报自己收集的现象，教师及时订正反馈。（设计意图：以问题为一节课的切入点，体现带着问题读书的教育理念）

（2）老师也收集了一些污染环境、浪费资源的图片和视频（出示PPT），这些现象真是让人触目惊心，面对刚才看到的满面疮痍的"地球妈妈"，我觉得气愤和心疼。现在，我们就以自己家乡环境出现的不良现象为例，小组交流一下，这些不良现象说明了什么问题？产生这种现象的原因是什么？你有什么好的建议解决这个问题呢？(根据学生汇报板书：存在问题、产生原因、提出建议)

学生通过小组合作交流，谈一谈自己对这两个问题的认识。（设计意图：让思想在碰撞中升华）

3. 教师小结并交代任务。

同学们，人们浪费资源、污染环境的行为，令我们心中充满不满，充满怨恨，我们真想告诉那些破坏环境的人，该怎样珍惜资源，保护我们共同拥有的地球。今天，就让我们拿起手中的笔，写一写建议书，向有关人员、部门呼吁环保吧！（板书：建议书。齐读课题）

（二）明确要求，交流建议

刚才大家提出了许多减少浪费和污染的好建议，我们可以把它写成建议书，交给有关部门，引起全社会重视。

下面哪位同学来读读你收集的建议书？选几名同学读，在他们读的时候，同学们注意听，想想建议书的格式是怎样的。（设计意图：聆听他人谈话不仅是一种美德，更能从中总结出自己的观点，体现出思维扩展的训练思想）

提问：同学们谁来说说建议书的格式是怎样的？（找学生提问）

教师总结并在方格中板书：

标题：第一行的中间。

称呼：换行顶格写受建议单位或个人，后面加冒号。

师：同学们，你们想把你的建议写给谁呢？

找同学提问。

（教师板书）

正文：

1. 先阐明建议原因、理由及想法。

2. 建议具体内容（分条列出），切实可行。

3. 提出希望采纳的想法。（谦虚、不命令）

结尾：写敬意或祝愿的话。

落款：写单位、姓名、日期。（设计意图：板书有条理、美观在语文教学中所起到的意想不到的作用）

（三）试写初稿，进行修改

1.学生进行习作，教师巡视，并对有困难的学生进行个别指导。

2.学生初稿，进行修改。

（四）教师总结

同学们，只有一个地球。只有全人类行动起来，爱护地球、保护地球，那么在不久的将来，地球才能恢复健康、美丽的容颜。就让我们以习近平总书记提出的"绿水青山就是金山银山"作为今天习作的结束语，希望同学们善待地球资源，因为善待地球资源就是善待我们的未来。

（五）作业布置

1.完成习作。

2.将自己的习作跟同桌交换修改。

小学中高年段场面描写习作序列解说和教学设计

陈 毅

一、场面描写指什么

场面描写，就是对一个特定的时间与地点内许多人物活动的总体情况的描写。它往往是叙述、描写、抒情等表述方法的综合运用，是自然景色、社会环境、人物活动等描写对象的集中表现。常见的有劳动场面、比赛场面、运动场面以及各种会议场面等。

二、小学中高年段场面描写习作序列总体解说

小学第二、第三学段的教材中，只出现了一次较为明显的写场面的习作要求。人教版五年级上册第八单元《习作八》要求："在《开国大典》中，作者把开国大典的过程和场景写得很清楚。我们也可以选取一个场景，按时间顺序写下来。比如，班级联欢会、学校的一次活动等，写的时候，要把场景写具体、写清楚。"

但细细看来，第二、第三学段中还是有某些习作单元蕴含场面描写的内容。其中三年级上册1次，四、五、六年级每学年各有1次。通过对比教材，我们发现小学阶段写场面描写的习作都有一个共同的要求：点面结合，写出场面特点，渲染气氛，为主题服务。

在这个总要求下，每次习作的具体要求又呈螺旋式上升。三年级上册第八篇习作《那次玩得真高兴》，重在培养学生的习作兴趣，只要求学生能按要求连贯地写一段话的场面描写。四年级下册习作《写校园里的难忘的事》中的场面描写部分，也只要求学生写出事件的时间、地点，从而进行简单的描述。五年级上册第八单元《写一件事或一次活动》，是小学阶段第一次要求学生正式

进行场面描写，这是在学习课文《开国大典》一课中的场面描写的基础上确定的，要求选取一个场景，按时间顺序写具体、写清楚；在三、四年级学习的对场面描写进行简单交代的基础上，要求按时间顺序把场面写具体、写清楚。六年级下册《难忘的第一次》，则要求学生把场景描写得更精彩、更生动，对学生选择和组织材料的能力提出了更高的要求。

此外，每学年写场面描写的习作在习作修改、文章字数的要求上也在逐步提高。在习作修改方面，三年级写场面的习作鼓励学生读一遍自己写的作文或读给同学听，并对有明显错误的地方进行修改；四年级开始要求学生运用修改符号修改错误的词句，使语句通顺；五、六年级则要求从谋篇布局上对习作进行整体修改，通过修改使"文章表达更有顺序，能按点面结合的方法来进行场面描写"。

三、各年级写场面描写习作具体要求和目标

三年级上册（部编版）

《那次玩得真高兴》具体要求和目标如下。

第八单元：那次玩得真高兴

要求：

用几句话或一段话，初步学会描写特定的场面。

目标：

1. 指导学生留心观察，认真体验，激发学生写作的愿望，培养学生写作的兴趣。

2. 能初步按事情发展顺序，围绕一个中心意思，把事情的过程写清楚、写具体，逐步提高记事能力。

3. 能初步学会描写特定的小场面。

4. 字数要求150字左右。

三年级下册（部编版）

没有单独的写场面的作文。

四年级上册（人教版）

没有单独的写场面的作文。

四年级下册（人教版）

《写一件难忘的事》具体要求和目标如下。

第四单元：写一件难忘的事

要求：

通过具体事例，"写一件难忘的事"。要把事情写清楚，表达出自己的难忘之情。内容要具体，语句要通顺。写完之后认真修改。

目标对比：

1. 与三年级下册写"那次玩得真高兴"相比，虽然都要求在具体事例中穿插写场面特点，但是此次习作要具体写"事件中所涉及的场面描写"的部分，以此来凸显事件的难忘，学习突出习作重点。

2. 本单元的习作中指出"让学生观察照片，写清楚在哪里，有谁，发生了什么事"，写出当时的情景，内容要具体，表达真情实感，写出当时的场景特点。

3. 三年级只是鼓励学生交流习作、倾听他人建议，四年级则要求写完后自主修改习作中有明显错误的词句，做到文从字顺。

4. 字数要求从不少于150字提升到不少于250字。

五年级上册（人教版）

《写一件事或一次活动》具体要求和目标如下。

第七单元：写一件事或一次活动

要求：

这是第一次要求学生进行场面描写的作文，要求选取一个场景，按时间顺序写下来，写具体、写清楚。

目标对比：

1. 本单元所选编的《开国大典》，采用了探寻突出气氛特征和场面描写的

"点"：特定镜头的写法。

2. 三、四年级都是在具体的事例中，穿插一部分场面描写片段。而此次习作重点要练习场面描写，要写具体。

3. 四年级主要是修改习作中错误的词句，五年级则要求从谋篇布局、写作方法等角度进行修改，要通过修改达到"场面描写具体生动，再现场景"的目标。

4. 字数要求从不少于250字提升到不少于350字。

五年级下册（人教版）

没有单独的写场面的作文。

六年级上册（人教版）

没有单独的写场面的作文。

六年级下册（人教版）

《难忘的第一次》具体要求和目标如下。

第一单元：难忘的第一次

要求：

通过描写第一次……的情景，写出当时所处的环境布置，把场面描写具体、写清楚，烘托第一次……的印象之深。

目标对比：

1. 此次习作与以往写场面的作文相比，最大的变化就是：使人物置身在某一特定的场景中，作为这一次写作的背景，烘托第一次……的印象之深或突出某事的第一次的成功或失败，这些都是本次写作的重难点。

2. 本单元习作前的口语交际是"难忘的第一次"，因此习作在口语交际的基础上，要在第一次……事例中描写场面，此描写要具体。

3. 字数要求400字左右。

四、各个年段有关场面描写的教学设计

《那次玩得真高兴》教学设计

（部编版三年级上册习作）

教学目标：

1.指导学生留心观察生活，认真体验游戏，激发习作的兴趣。

2.能初步按事情发展顺序，围绕一个中心意思，把事情的经过写清楚、写具体，逐步提高写一件事的能力。

3.能初步学会用一两句通顺的话描写特定的场面。

教学重难点：

1.重点：把自己玩的过程写下来，并从中体现自己快乐的心情。

2.难点：能对过程描写中的场面进行简单描述。

教学课时：

一课时。

教学过程：

（一）激趣导入，明确目标

1.丰富多彩的活动，让我们回味无穷，同学们还记得都参加过哪些活动吗？（学生自由交流）

2.阅读习作要求。请以"那次玩得真高兴"为话题写一篇作文，题目自拟。

（二）交流回顾，选取材料

1.引导学生回顾活动的情景，试着从活动中选材。

校园生活丰富多彩，课堂上有故事，下课后也有故事。有些故事与老师有关，有些故事中只有同学，有些故事发生在集体活动之中，有些故事发生在一两个人之间。

2.小组交流。（要求学生：你觉得最高兴的是哪一件事？你是怎么做的？说了什么？心情高兴的时候是什么表现的？注意把事情的经过说清楚）

3.代表发言。（注意引导学生把经过说清楚，并适当运用一些过渡语，避免使用然后……）

4.教师小结，引导学生选择材料：

（出示课件1）

（1）地点：学校、家里、野外、公园……

（2）空间：教室内、操场上、植物园、山林、动物园、游戏厅……

（3）时间：课堂上、活动课、体育课、四点半、课间、周末、假期……

（4）人物：同学、老师、朋友、家长、陌生人……

（5）事件：比赛、掰手腕、拔河比赛、踢毽子比赛、运动会、旅游、野炊、讲故事、猜谜语、书法比赛、歌咏比赛……

（6）感受：开心、高兴、喜悦、得意、明白了……

（三）按时要求，确定中心

1.教师引导：在习作中表现童年生活给我们的感受，或是明白了某种道理，或是陶冶了某种情操，或是增长了某种知识，或是培养了某种能力。这就是文章的中心。

2.小组交流，确定中心。

（四）欣赏范文，把握技法

（出示课件2）（板书：印象最深的人物，写快乐感受）

（五）提出要求，学生习作

1.学生再次自由阅读课本中的习作要求。

2.学生自由完成习作，教师巡视，个别指导。

（六）互相交流，修改习作

1.课件出示优秀学生习作片段。

（1）学生阅读。

（2）自由发言，进行评议，发现亮点，提倡借鉴。（尤其是场面描写部分是否写清楚；过程是否清楚）

2.课件出示教师巡视时发现的存在普遍性问题的学生习作。

（1）学生自由阅读。

（2）自由发言，进行评议，发现问题，提出建议。

（3）集体交流，进行修改。

（4）展示学生写的精彩句段，评讲。

（七）互评互改，誊抄习作

1.请同学们根据交流情况自行修改，老师将把好的习作展示在宣传栏内。

2.小组内交流修改的文章。

3.认真誊抄自己的习作。

（八）课堂小结，拓展延伸

同学们，从这次作文中，我们重新感受了那丰富多彩的集体生活，它给我们带来了快乐，让我们增长了见识。生活即写作，写作即生活。如果活动的内容多，就要按一定顺序写。在描写中要懂得使用些表示空间方位和时间先后顺序的词，让你的文章更有条理。写活动首先要叙述完整。可简要交代活动时间、地点、人物及活动内容。

（九）板书设计

那次玩得真高兴

确定中心：印象最深的人物，写快乐感受

其中：场面描写——用一段话描述所处的环境（在哪里，怎么样）

四年级下册（人教版）

《写一件难忘的事》教学设计

教材分析：

这次习作有两项内容供选择：一是看图作文，二是写生活中的真实故事。两者任选其一，给学生以自主选择的空间。看图作文，要求学生观察《胜似亲人》这幅图画，并根据画面内容展开想象，写一篇习作。习作的另一个角度是写生活中的真实故事，要求把经过写具体，最好还要写写自己的感受。本教案以后者为例，把自己生活中亲身经历的或听到的难忘的事记录下来。提供题目："一件难忘的事""发生在班里的一件事""发生在家里的一件事"等。

教学目的：

1.通过描写令人难忘的这件事，让学生体会人间真情，达到德育渗透的目的。

2.了解写一件小事要选材真实，内容具体，能够体现文章的中心。

3.认真写好这件小事所涉及的场景，把场面写具体，为事件做好铺垫。

教学重难点：

在记叙一件事时，如何"把文章的内容写具体生动"是这次习作的重点，同时也是难点。

教学过程：

（一）回顾导入，引入话题

提出问题：回顾课文《卡罗纳》，说说给你留下最深印象的是什么，为什么？（学生畅所欲言）在你的身边，有这样感人的事情吗？

（二）学生表演，再现场景

发生在班上的一件事，刘振欣踢球时，手臂骨折，同学们自发地去看望他。引导学生观察同学们的动作、表情、语言等。

（三）指导审题，明确要求

本次作文是写一件事的作文。（难忘的事、感人的事等，要求真实）

（四）确定中心，选定材料

范围：家里的、班上的、社会上的，亲身经历或亲眼所见，等等。主题：表现人间真情。（注意这些场景的描写——环境描写）

（五）指导说话，由说到写

1.刚才同学们观察了这几位同学的表演，你们感觉谁演得好？为什么？

引导学生说清楚，尤其是细节部分的表达。

教师引导：让学生通过动作、神态、语言等的表达来把一件事情说清楚、说明白。

2.这件事发生在哪里？周围环境怎么样？（这就是场面描写，起到烘托气氛的作用）

3.小组交流。

欣赏一些优美的片段。

（六）当场作文，鼓励表达

1.提出作文要求。

2.学生当场作文，教师巡视指导。

（七）教师小结，促进提高

记叙一件事，总离不开一定的人物活动、细致的人物描写，能通过人物的神态、动作、语言和心理，通过特定的场景描写使作文内容更加具体。

五年级下册（人教版）

《掰手腕比赛》场面描写教学设计

教材分析：

练习写场面是训练学生写好记叙文的一项基础训练。在一般记叙文的写作中，常常根据表达主题的需要，在叙述事件的过程中，安排一些或大或小的场面描写，这样不仅能展示具体实在的生活画面，使文章富有浓郁的生活气息，而且有助于描写人物行为，刻画人物性格。在单元课文《开国大典》的学习基础上，为了为记叙文写作训练打下坚实的基础，特设计了这节作文课。

教学目标：

1. 了解"场面"与"场面描写"的内涵。

2. 探究得出场面描写的基本方法，能用准确生动的语言描述比赛场面，表达自己的独特感受和真切体验。

3. 学会在材料中获取学习信息，学习用心观察生活。

教学重难点：

1. 重点：探究得出场面描写的基本方法；突出气氛特征，突出中心；点面结合。

2. 难点：探寻突出气氛特征和场面描写的"点"：特定镜头的写法。

教学过程：

（一）营造氛围

1. 游戏场面营造活动：掰手腕。

2. 要求：学生认真观察，观看比赛者的各方面表现。

（二）说好过程

1. 让学生说一说自己看到了什么。按顺序说。

2. 注意比赛者的动作、神态。

3. 把比赛拍成视频，再次观看。这一次要注意比赛者的表现，还要注意观赛者和周围的环境。

（三）了解方法

1. 问题：什么是"场面"？什么是"场面描写"？

2. 多媒体显示图片，让学生分辨哪些是场面描写，哪些不是场面描写。教师小结：像这样在某一特定时间和环境中以人物为中心的生活画面就是场面。把场面描写下来，就叫场面描写。光有景或物而没有人，不是场面，场面一定要有人。只有一个人也不行，必须是两个人以上。人与人之间要发生关系，并且是在一定的时间和环境中注重情境的创设。

3. 出示《开国大典》中对场面描写的语段以及场景的更换。深入了解场面描写。

（四）探寻写法

1. 品析导引，《开国大典》片段：这里描写的是一个怎样的场面？你感受到了一种怎样的气氛？作者是怎么突出这种气氛的？

2. 结合上段作品，探寻"点"的写法及表达效果。

3. 补充阅读场面片段，探寻作品中的点，感受"点"的表达作用。

4. 场面描写的方法——点面结合，引导学生得出方法。

5. 适当讲解。

（五）牛刀小试

1. 要求：要注意观察，观察参赛队员的面部表情和动作，猜测他们的心理，听大家的议论和参赛队员的感想；认真组织语言，把自己看到的、听到的、想到的用准确生动的语言描述出来。作为参赛选手，因你身历其中，要注意一个"感"字，将自己赛前、赛中、赛后的感受真实地记录下来。（大屏幕出示：①观众：看、听、想；②队员：感——赛前、赛中、赛后）

2. 大显身手：写出艺术节中的一个场面。要求：自定中心，场面描写要突出中心。

（六）展示交流

1. 学生勇于展示自己的成果，大家在共同倾听、评价中深化对场面描写的认识。

2. 展示写得好的场面描写的文章，大家说说好在哪里。

3. 根据建议，再次修改自己的文章。

（七）布置作业

用文笔向父母或亲戚朋友描绘今天上课的一个场面，也可以写今天在教室里看到的同学们上课的场面，表达自己的感受。

板书设计：

场面描写　　写人为重　　突出气氛（面）　　特写镜头（点）

由面到点　　场面背景　　有详有略（语言、心理、动作……）

六年级下册（人教版）

《难忘的第一次》教学设计

教材分析：

《难忘的第一次》是人教版实验教科书六年级下册第一单元的习作，它是在第一单元口语交际的基础上，以"难忘的第一次"为题进行的一次习作，要求学生把"第一次"的经历写清楚，还要写出在经历"第一次"之后获得的启示。

学情分析：

六年级是小学最高阶段，学生习作有了一定的基础。本次习作《难忘的第一次》，学生都有话可说，但部分学生怎样把经历写得完整、具体，如何突出"难忘"表达自己的真情实感，可能还有些难度。因此在课堂中，引导学生把经历写完整、具体，表达自己的真情实感要进行重点的指导。

教学目标：

1. 让学生分享彼此成长的故事，记录生活中难忘的瞬间，把当时所处的环境场面写清楚。

2. 指导学生把经历说完整、说具体，表达自己的真情实感。

3. 培养学生的表达能力，在表达和评价中清楚如何写好本次作文。

教学重难点：

注意双线进行，抓住场面描写来突出事件的难忘。

教学过程：

（一）激趣导入，创设情境

在我们的生活中，有过许许多多的"第一次"，第一次做饭，第一次养小动物，第一次去外地旅游……一个个第一次就像一个个脚印，印在我们成长的道路上。老师也有很多的第一次，第一次登上讲台，第一次游览西湖……你们都有哪些第一次呢？

1. 学生交流自己的第一次。

2. 教师引出话题。

在这众多的第一次中，肯定有印象深刻、令你难忘的一次。今天我们就来完成习作"难忘的第一次"。（板书：难忘的第一次）

（二）明确要求知目的

默读习作要求，边读边想：本次习作要求我们做到哪几点？根据学生回答，教师相机板书。（经历清楚，点明启示过程，具体环境烘托）

师：启示是由这次经历获得的，和这次经历紧密联系，一定要恰当、深刻。（板书：恰当、深刻）

当时在哪里？怎么样？周围人的反应也要写清楚——场面描写。

（三）回顾难忘之事

1. 个人回忆：印象最深刻的第一次。

2. 小组内交流，认真倾听，把经历说完整、说具体，启示是否恰当、深刻。

3. 学生小组交流分享——指名交流，同学评价。（对于经过要点评是否说清楚，尤其是连续性动作）

4. 当时所处环境——场面描写，什么天气？什么地方？周围有什么？人们怎么样？

（四）用事例引话题

请同学们认真读范例，你们认为哪儿写得好？为什么？画一画，做一下批注。

学生自由读文。

难忘的"第一次"

每当看到书架上端那枚闪闪发光的奖牌，五年级时参加区运会比赛的情景就会清晰地浮现在我眼前……

那次区运会前夕，体育张老师匆匆忙忙地把我叫到了办公室，说原定参加1200米跑的王泽摔伤了，学校决定派我上场参赛。听了这个消息，我不免有些心慌意乱，尽管我也一直作为后备选手参加训练，但毕竟平时没有参赛机会，"第一次"上阵就要参加区级比赛，我能行吗？寝食难安了几天后，我便调整好心态：不管怎样，我总要面对参加区运会的"第一次"，就把它当作对自己的一次考验吧！

接下来的短暂时间伴随着我的加倍苦练转瞬即逝，一眨眼就到了比赛的日子。站在起跑线上，我屏住了呼吸，静静地等待着裁判员的枪声。"砰！"枪声像一把果断的利剑冲破云霄，运动员们像离弦的箭一般飞了出去。

开始的路程对我来说简直如神仙助力，可是当我跑到第二圈时，我的脚步就不争气地放慢了，气息也逐渐粗重了。看着身边的运动员一个个地超过自己，我的心里那个急呀，可脚底下就是不给劲儿，软软的，此时我真正体会到"心有余而力不足"的含义了。

尽管终点对我来说显得那样可望而不可即，但我仍然坚持跑着、跑着，我的嘴里涌上一股腥味，喉咙如撕裂般疼痛，腿像注满铅似的。此刻的路程对我来说是艰难而冗长的，热闹的世界仿佛死一般寂静。我能清晰地听到自己的喘息声、呼呼的风声和咚咚的心跳声，所看到的是脚下不断延伸的跑道。我咬紧牙坚持着、坚持着……

似乎过了几个世纪，终于看到了那个期盼已久的终点，我一下子来了精神，铆足了力气超过了一个又一个对手，奔向终点。

终于，在一阵欢呼声中，我踏过神圣的红线。张老师跑过来兴奋地抱住我，激动地大声喊："太棒了，第一次参赛你就得了第一，给学校争光了！"我简直不敢相信自己的耳朵，直到登上领奖台的那一刻，我才确定了这个事实，一种自豪感油然而生……（这一部分便是由点即面的描写）

我仔细地看着这金光闪闪的奖牌，它记录着我"第一次"参赛的美好回忆，更记录了我成长中的一段轨迹，使我坚定了一个信念——紧要关头不放弃，绝望也会变成希望。

师：大家认为哪里写得好？为什么？

全班交流。

学生画出场面描写的部分，体会这样写的好处。

（五）列好提纲精选材

1. 列提纲。

2. 选择材料。

3. 准备习作。

4. 学生作文，教师巡视指导。

（六）展示交流促表达

1. 展示精彩片段，欣赏佳作，说出最欣赏这篇文章的哪一部分。

2. 继续写作，边写边交流。

（七）互评互改互进步

教师阅稿，提出修改意见，同桌交换修改，前后再次交换修改。根据评价标准标记写得好的地方，对不满意的地方提出修改建议。

评价标准：

1. 内容：事件过程叙述完整、具体，启示恰当、深刻。

2. 表达：能够从心理、动作、神态、语言等方面表现当时自己内心的真实感受。

3. 字词句：有无错别字，用词是否得当，语句是否通顺，是否存在病句。

4. 场面描写片段是否运用，要想对文章人物起烘托作用，可适当运用比喻、拟人等修辞手法。

师：展示修改得比较好的习作。

（八）总结表扬促提高

1. 根据同桌和教师的建议，再次修改自己的习作。

2. 展示交流。

3. 教师小结：这节课，同学们都把自己难忘的"第一次"记录下来了，大部分同学都能把经历写完整、写具体，启示恰当、深刻。课下同学们继续修改自己的习作，在班级语文群内交流，让同学、老师、家长一起分享你们那难忘的"第一次"。

（九）板书设计

难忘的第一次

时间、地点、人物，事件的起因、经过、结果

环境描写起烘托作用，修改文章促提高

小学中高年段习作修改能力和运用标点符号
目标序列解说和教学设计

陈凯华

一、习作修改能力和运用标点符号整体解说

习作修改是指学生运用修改符号或批注修改的方式对自己的习作里出现的错误和缺点进行修正，是习作过程中举足轻重的组成部分。《小学语文课程标准》对学生的习作修改能力提出了明确的要求。三年级要求学习修改自己习作中有明显错误的词语和标点。四年级要求认识并会运用增、删、换、调四种修改符号，其中第一学期要求认识并运用，第二学期要求灵活运用。五、六年级要求修改自己的习作，修改时能借助语感和语法修辞常识，做到字从文顺，并主动与他人交换修改，做到语句通顺，行款整齐，书写规范、整洁。我们可以发现，教材对学生的习作修改能力的要求是逐年逐级提高的。三年级鼓励学生自主修改文章中显而易见的词语、标点错误，仅在词语修改上提出要求；四年级开始要求学生运用修改符号进行文章的修改，对习作的语句、段落修改做出要求；五、六年级则不满足于词句，要求学生从谋篇布局上对习作进行整体修改，通过修改为作文润色。各年段目标由浅入深，螺旋式上升，引导学生由自己修改习作到交叉互改，以求达到学生之间取长补短、相互促动的作用。

标点符号是书面语言的有机组成部分。正确使用标点符号有助于学生准确表达思想，推进语言的规范化。语文课标要求也对句号、问号、感叹号、冒号、引号、省略号、顿号、分号等常用标点符号的使用做出了明确要求。三、四年级要求学生根据表达的需要，正确使用冒号、引号等标点符号。五、六年级则要求学生根据表达的需要，正确使用常见的标点符号。我们可以看到，标

点符号的运用是中年段就需要学生掌握的能力。教师在中年段起步作文的时候，就应该引导学生正确使用标点符号。

二、各年级习作修改能力具体要求和目标

三年级上册（新编版）

第二单元：写日记

习作内容：

学习日记的格式并按格式写一篇日记。

要求：

写完日记后读给别人听。

目标：

在读的过程中，学会简单地修改自己习作中明显错误的词语和标点。

四年级上册（人教版）

第四单元：我喜欢的动物

习作内容：

写一写自己喜欢的动物，要具体写出动物的特点，表达自己的真情实感。

要求：

能运用增、删、换、调四种修改符号修改习作，与同学交换习作修改。

目标：

1. 灵活运用四种修改符号。

2. 愿意与他人分享习作的快乐。

五年级下册（人教版）

第一单元：写信

习作内容：

策划一次"手拉手"活动，给远方的同龄人写一封信。

要求：

写好信后小组内读一读、评一评、改一改，互相修改，并恰当运用学过的修改符号。

目标：

从两个人相互修改到组内修改习作，学习彼此的长处。

六年级下册（人教版）

第五单元：谢谢身边的小伙伴

习作内容：

选择一两件事情，介绍你的小伙伴，要写出小伙伴的特点。

要求：

1. 根据习作目的，选择材料，并从内容入手修改自己的习作。

2. 根据习作目的，选择适合的表达方式，并从结构入手修改自己的习作。

目标：

1. 养成修改自己作文的习惯，修改时能借助语感和语法修辞常识，从谋篇布局上对习作进行整体修改，为文章润色。

2. 能主动与同学交流习作心得，评改作文，以分享感受，沟通见解。

三、各年级标点符号运用具体要求和目标

低年段根据表达的需要认识并使用逗号、句号、问号、感叹号，知道这些标点符号的书写规范。

中年段根据表达的需要正确使用逗号、句号、问号、感叹号、冒号、引号六种标点符号，知道这些标点符号的书写规范。

高年段根据表达的需要正确使用逗号、句号、问号、感叹号、冒号、引号、省略号、顿号、分号九种标点符号，并认识这些标点符号的书写规范，逐步养成正确使用标点符号的良好习惯。

三年级习作修改入门课教学设计

教学目标：

1.使用修改符号修改作文中出现的基本错误。

2.学会找出立意、选材、结构形式、写作手法等方面有哪些优点与不足。

3.学会给文章润色。

教学过程：

（一）激发兴趣，导入新课

1.幻灯片出示下列写人语段：

（1）周洁同学身材均匀，不胖不瘦，乌黑的头发梳成两条细长的辫子，红润的瓜子脸，圆圆的大眼睛，脸颊上有两个深深的酒窝，显得活泼可爱。

（2）她很漂亮，乌黑发亮的头发，圆圆的脸上嵌着一双水灵灵的眼睛，说起话来温柔和气，一对深深的酒窝随着她那从不歇止的笑容跳动着。

2.师：读这两个语段，请同学们谈谈对这两个语段的看法。

学生1：这两段话都是人物的外貌描写，我觉得把人的外貌写得活灵活现。

学生2：我觉得语段中的人物仿佛就在眼前。

3.师：不错，同学们真有一双慧眼，赏识到了这两段文字的美。这两段话确实把我们的人物写得活灵活现，那么，我们如何能写出这样的好语段呢？最重要的一个途径就是仔细、反复修改，今天我们就来学一学修改作文。

（二）作文修改第一步：找出基本错误

1.师：读一遍作文，找出作文中的基本错误，用修改符号改正，这些错误我们在修改病句时学过，大家一起回顾一下吧！

（1）语序不当。

（2）搭配不当。

（3）成分残缺。

（4）结构混乱。

（5）表意不明，不合逻辑。

2.教师分发文稿（学生交叉互改），并要求学生找出文稿中的基本错误，用修改符号改正。

3.教师巡视检查学生的修改情况。

4.分小组交流修改情况，把不确定如何修改的部分圈起来。

5.每组选派一个代表汇报本小组的交流情况。

6.教师总结同学们的修改，并对普遍存在的问题进行分析，给出修改参考，对同学们不确定如何修改的地方给予指导。

7.对做得好的小组进行表扬。

（三）作文修改第二步：找优点和不足

1.师：请同学们再读一遍文稿，把自己觉得写得好的句子、词语、描写方法等用横线勾出来，并在旁边写上好在哪里。

PPT出示提示：

（1）选材不符合题意，中心不明确（及时变更）。

（2）中心思想、段落层次或是语言方面表达不够完整（添枝加叶）。

（3）材料过多，妨碍中心的突出（删减）。

（4）段落层次或句子之间的顺序不当造成对人物的介绍或事情的叙述不清楚（调换）。

（5）字词的使用不恰当使句子不通顺（推敲）。

2.巡视检查学生完成任务的情况，对有需要的学生进行个别指导。

3.让部分同学向全班展示自己的修改，其他同学分小组进行交流；讨论一下这些同学的修改哪些做得好，哪些地方可以再改进。

4.每个小组推选一名代表说说本小组的交流情况。

5.教师进行总结，对大家在交流过程中存在的问题进行分析，并给予修改参考。

6.对同学们做得好的地方给予表扬。

7.教师进行小结。

（四）总结

本节课我们一起学习了修改作文的第一步"找出基本错误"和第二步"找优点和不足"，以后，我们的作文就交给同学们互相修改啦。

四年级学生自主修改写人作文教学设计

教学引入：

师：文章就像一幅五彩画，涂上各种合适的颜色后会更加美丽。那么，如何给文章润色呢？下面我们就以写人为例子，一起来探讨一下吧！

作文修改第三步：给文章润色

1.给写人作文润色时，首先要明确细节描写：细化人物，使笔下的人物形神皆备，活灵活现。

（1）要做到这一点，就要从人物的特征出发，用准确、生动、形象的语言，重点对人物的音容笑貌、举手投足及内心活动进行具体细致的描绘，使原先笼统、单调的句子变得更有表现力。同学们读读下列句子（幻灯片出示下列句子）：

原句：她有一双大大的眼睛。

修改：她那双炯炯有神的大眼睛里总是闪着耀眼的光芒。

（学生读这两个句子，指名说说哪句好，好在什么地方）

（2）同学们试着在草稿纸上给下列句子润色（幻灯片出示句子）：生活是一首歌。

（3）教师巡视。

（4）挑选写得好的句子进行赏析。

（5）给出参考改法。

（6）进行总结。

2.明确形式的创新。

（1）要做到这一点，就要灵活地使用修辞手法，大家欣赏下列句子（幻灯片出示下列句子）：

父母的爱是加了糖的茶，苦里带着甜。

爷爷走起路来，地皮都被震得忽闪忽闪的。

（2）同学们试着使用学过的修辞手法在草稿本上写得更精彩。（幻灯片出示句子）

①春天来了，山上开满了小野花。

②冬天，山上堆满了厚厚的积雪。

③一阵风吹过，小树左右摇摆。

④潮来时，江的周围发出巨大的声音。

（3）指名学生上台大声读出自己改过的句子。

（4）教师对学生总的修改情况进行简单评价和总结，并提出修改建议。

3. 推敲词的使用。

词的使用十分重要，同一行为或形态，用不同的词可描绘出不同特征，下面我们就探讨一下词的使用。

（1）同学们展示收集到的描写人物外貌、性格及行为的词语。

（2）教师进行小结并补充，对生僻的词加以讲解。

4. 学生再读文稿并分小组对文稿进行润色，教师巡视指导。

5. 各小组选派一个代表把本小组修改过的作文大声读出来，其他同学想想哪些改得好，哪些改得不好。

6. 对修改得好的文稿进行展示表扬。

总结：

同学们，好作文是改出来的，我们一定要学会修改作文，才能使作文更精彩。写人作文的修改我们就探讨到这里。下面我们一起回顾一下如何修改，总共有三步：第一步是找出基本错误，第二步是找优点和不足，第三步是给文章润色。

作业布置：

把自己修改好的文章誊抄在作文纸上。

五年级习作评改课教学设计

教学目标：

学习修改习作的基本知识；提高描写动物的习作能力；激发学生修改习作的兴趣；培养修改习作的良好习惯。

教学重难点：

1. 重点：学习修改字、词、句的基本方法；培养抓住动物特点并表达真情实感的习作能力。

2. 难点：培养抓住动物特点写具体的习作能力。

教学过程：

（一）课前谈话激趣

各位同学，你们猜猜老师今年多少岁？属什么（我的属相是马）？谁愿意用一两个词语或句子来赞美一下"马"？……谢谢大家对我的赞美，哦！不对，应该谢谢同学们对"马"的赞美。

各位同学前几天都把自己喜欢的"动物"送给了老师，老师收到这些礼物，是喜忧参半啊。我喜，是因为有的同学把健康可爱的"动物"送给我；我忧，是因为有的同学把生病了的"动物"送给我。——我说的生病了的"动物"指的是什么呀？（有毛病的作文。）真聪明！那我们一起来把这些有毛病的作文改一改，让每位同学送给我的礼物都更加完美。大家愿意吗？

（二）为自己的习作改个好题目

1. 我把同学们的文章编了个目录，请看大屏幕：了解一下每个人都送了一件什么"礼物"给我。大家一边看一边想，看了这个目录，你最想读哪一篇习作？并说说你的理由。

2. 学生试着修改自己的习作题目。

（三）围绕"具体描写特点"进行修改

1. 明确习作的要求。

我们再来看看这次习作的要求。抽读第二段：这次习作有哪些要求？一是选材要求：自己喜欢的动物，注意"喜欢"（因为喜欢，才会了解，因为了解，才会有感情）。二是习作要求：具体地写出动物的特点，注意"具体""特点"；表达真情实感，注意"真""实"。三是修改要求：交流，提出修改意见；自己修改。

2. 感悟同学习作（课件）。

同学们，你们觉得这段话写的是"乖乖"的什么特点？写具体了吗？

乖乖（片段）——学生作品

"乖乖"撒起娇来特别乖。当你跟它玩耍时，它也许会跳起来，用两只前爪搭在你的腿上，似乎要你抱抱，或者用身子蹭你的腿，跟你来个"依依不舍"；要不，就趁你蹲下来时突然跳起来，舔你一下，以表示它对你的亲热。那时候，它的样子真的很可爱。

3. 修改同学习作（课件）。

（1）读读这个片段，你认为写了小狗的哪些特点？写具体了吗？

我家的小狗（片段）——某同学

"小黑"全身很黑，到我家的第一天就引起了大家的注意。"小黑"的嗅觉非常灵敏，它还特别注意窝里的清洁，不愿在自己窝里留下一点儿脏东西。我家的小狗真是人见人爱啊！

（2）分组讨论：全班分为三个小组，分别把"小黑"外表"黑"、嗅觉灵敏、爱清洁三个特点讲具体。

（3）分组汇报。

例：修改稿（片段）——黑

"小黑"全身黑得特别纯正，到我家的第一天就引起了大家的注意。这条小狗从头到尾没有一根杂毛，黑亮黑亮的，像抹足了油似的。所以，我们一家人一致同意叫它"小黑"。

（4）总结修改感受。

（四）练习

1.文章不但是写出来的，更是改出来的。

我们知道，古今中外很多优秀的文章都是改出来的。大家有信心把自己的文章改得更完美吗？教师推荐修改符号：删、改、调、加（举例示范）。

2.学生练习修改。

（五）展示修改成果，教师相机点评

说说自己的修改体会：你把哪一处改具体了？你是怎么想的？

（六）同桌交流互改，写"读后感言"

给同学习作提出一个突出的优点，提出一条可行的建议。抽读两则"读后感言"。